Ulrich Offenberg

DIE GRIECHEN

Geschichts-Daten

1900 v. Chr.	Erste Besiedlung Griechenlands
1700 - 1200	Frühkultur von Kreta und Mykene
1500 - 1100	Blütezeit Trojas
1050 - 700	Geometrische Zeit: Entstehung der Polis
900 od. 800	Lebenszeit Homers: Entstehung der Ilias und Odyssee
750 - 550	Große Kolonisation
700 - 640	Messinische Kriege (Sparta)
640 - 559	Solon
593	Solon gibt Athen Verfassung
550	Gründung des Spartanischen Bunds
525 - 459	Themistokles
510	Beseitigung der Tyrannis in Athen, Sieg der Demokratie
500 - 494	Ionischer Aufstand
500	Sparta ist führende Macht
490	Persische Expedition, Schlacht von Marathon
483	Kriegsvorbereitungen von Xerxes
481	Allgemeiner Landfriede in Hellas
480	Xerxes fällt erneut in Griechenland ein Seeschlacht an den Thermopylen Schlacht von Salamis Schlacht von Platää
479/478	Gründung des Delisch-Attischen Seebundes
464	Erdbeben zerstört Sparta
462	Kampf Spartas gegen Messenien
460 - 457	Bau der Langen Mauern in Athen
460 - 446	1. Peloponnesischer Krieg
455	Höhepunkt der Macht Athens
449	Frieden des Kallias
443 - 429	Perikles: Stratege in Athen

431 - 404	2. Peloponnesischer Krieg Sparta überfällt Athen
428 - 422	Herrschaft des Kleon
425	Sparta fällt erneut in Athen ein
421	50-jähriger Frieden
418	Schlacht bei Mantinea
417/416 - 404	Alkibiades wird Stratege Sizilisches Abenteuer
411	Ende der Demokratie in Athen
410	Seeschlacht bei Kyzikos
407	Seeschlacht bei Notion
406	Niederlage der Spartaner bei Lesbos
405	Niederlage der Athener bei Aigospotamoi
408 - 395	Kommando des Lysander
408 - 355	Euxodos von Knidos
427 - 347	Platon
460 - 375	Hippokrates
469 - 399	Sokrates
484 - 425	Herodot
394	Schlacht bei Koroneia
387	Friedensvertrag mit Artaxerxes
371	Schlacht von Leuktra
338	Philipp von Makedonien siegt bei Chaironeia

Inhaltsverzeichnis

Die Schlacht von Leuktra

Die Griechen. In diesem faszinierenden Volk im Süden Europas vermischen sich Mythos, Legenden, Historie und viel Tragik zu einem bis heute letztlich rätselhaften Bild. Historiker berichten von unzähligen Schlachten, von unglaublichen Heldentaten und genialen Führern, die dieses Volk in der Antike über alle anderen Völker erhoben. Aber es waren nicht nur die Kriege, nicht der viel besungene Abwehrkampf gegen die Perser, der die Griechen berühmt machte. Es waren vor allem die einmaligen, kulturellen Leistungen, die uns auch heute noch grenzenlose Bewunderung für dieses außergewöhnliche Volk abverlangen.

Griechische Denker überlieferten uns die Grundlagen der Mathematik. Griechische Philosophen wie Sokrates und Platon lehrten uns das Denken über die eigene Existenz hinaus. In Griechenland wurde die Demokratie erfunden, die den Willen des Volkes als ehernes Gesetz festschrieb. Griechische Baumeister schufen Bauwerke und Skulpturen, deren Einzigartigkeit und Schönheit uns auch heute noch, über 2500 Jahre nach ihrer Entstehung, in stummer Ehrfurcht erstarren lassen.

Und schließlich ragt ein antiker Shakespeare einsam und überragend aus dieser untergegangenen Zeit empor: Homer, das Genie der Genies, wie es nur alle 2000 Jahre einmal auf dieser Erde geboren wird. Er gab seinem in Agonie lebenden Volk die Sprache zurück, er schuf die geheimnisvolle Welt der Götter und Sagen. Die unübertroffene Harmonie seiner Sätze, wie ein Kunstwerk komponiert, galt für Generationen von Dichtern und Erzählern als Vorbild. Wirklich erreicht wurde sie von keinem. Homer blieb einzigartig und ist heute so aktuell wie damals, als die Griechen begannen, ein Volk zu sein...

Die Schöpfungsgeschichte der Griechen

So beschrieb Homer die Erschaffung des Menschen – und der Griechen:

Himmel und Erde waren erschaffen, das Meer brandete an die Küsten und die Fische tummelten sich in den Fluten. In den Lüften zwitscherten die Vögel und die Wälder waren voller Getier. Aber es fehlten noch Geschöpfe, die die Welt beherrschen könnten. Da stand Prometheus auf. Er war ein Sprössling jenes älteren Göttergeschlechts, das von Zeus entthront worden war, ein Sohn des Japetos. Er nahm Ton von der Erde, befeuchtete und knetete ihn und formte daraus den Menschen nach dem Ebenbild der Unsterblichen, den Göttern, den Herren der Welt. Um seinen Erdenkloß zu beleben, entlehnte er von den Tieren gute und böse Eigenschaften und senkte sie in die Brust des Irdischen ein. Unter den Göttern hatte Prometheus eine Freundin, Athene. Sie bewunderte die Schöpfung des Titanensohnes und hauchte dem halbbeseelten Bildwerk den Geist, den Atem ihrer Weisheit ein.

So entstanden die ersten Menschen und füllten die Erde. Aber unbekannt war ihnen die Kunst, Steine auszugraben und sie zu behauen; aus Lehm Ziegel zu brennen, Balken aus dem gefällten Holze des Waldes zu hauen und sich daraus Häuser zu erbauen. In sonnenlosen Höhlen wimmelte es von Menschen wie von Ameisen. Nicht den Winter, nicht den blütenvollen Frühling, nicht den früchtereichen Sommer kannten sie in sicheren Zeiten. Planlos war alles, was sie verrichteten.

Da nahm sich Prometheus erneut seiner Geschöpfe an. Er zeigte ihnen, wie sie Tiere ins Joch spannen und als Genossen ihrer Arbeit verwenden konnten. Er gewöhnte die Rosse an Zügel und Wagen und erfand Nachen und Segel für die Schifffahrt. Er zeigte den Menschen die Mischung milder Heilmittel, er lehrte sie das Wahrsagen, deutete ihnen Vorzeichen und Träume, Vogelflug und Opferschau. Er lenkte ihren Blick unter die Erde und ließ sie die Erze, Eisen, Silber und Gold entdecken.

Im Himmel herrschte mit seinen Kindern Zeus, der das alte Göttergeschlecht, von dem auch der Titanensohn Prometheus abstammte, gestürzt hatte. Die neuen Herren wurden aufmerksam auf das Menschenvolk. Sie verlangten Verehrung für den Schutz, den sie diesen Wesen angedeihen ließen. Doch Prometheus versuchte, seine Geschöpfe von den Lasten, die Zeus forderte, zu befreien. Das ergrimmte den Göttervater und er versagte den Sterblichen die letzte Gabe, derer sie bedurften: das Feuer. Doch auch da wusste der schlaue Titanensohn Rat. Er nahm den langen Stängel des Riesenfenchels, näherte sich mit ihm dem vorüberfahrenden Sonnenwagen und setzte den Schaft in Brand. Mit seinem Zunder kam er zur Erde, und bald loderte der erste Holzstoß gen Himmel.

Das schmerzte den Vater der Götter. Aber da er den Menschen den Brand nicht mehr zu nehmen vermochte, erdachte er ein Übel für sie. Der wegen seiner Schmiedekunst berühmte Feuergott Hephaistos musste ihm das Scheinbild eines schönen Mädchens anfertigen. Pandora nannte Zeus das Wesen, die Allbeschenkte. Denn jeder der Götter hatte ihr irgendein Unheil für die Menschen mitgegeben. Daraufhin führte Zeus die Jungfrau zur Erde. Die Menschen bewunderten die unvergleichliche Gestalt. Pandora aber schritt zu Epimetheus, dem Bruder des Prometheus, um ihm die Geschenke zu bringen. Vergebens hatte Prometheus den Arglosen gemahnt, niemals eine Gabe vom Göttervater anzunehmen, damit den Irdischen kein Leid widerführe.

Epimetheus empfing das holde Wesen hingegen mit Freuden und empfand das Übel erst, als es über ihn kam. Denn bisher lebten die Geschlechter der Menschen, von seinem Bruder beraten, sorgenlos, ohne beschwerliche Arbeit, ohne quälende Krankheit. Die Fremde aber trug in den Händen eine große geschlossene Büchse. Kaum im Haus des Epimetheus angekommen, schlug sie den Deckel zurück und sogleich entflogen dem Gefäß viele Übel und verbreiteten sich mit Blitzesschnelle über die Erde. Ein einziges Gut war ganz unten verborgen: die Hoffnung. Doch ehe auch sie heraus flattern konnte, warf Pandora den Deckel wieder zu und verschloss so auf immer die Büchse.

Das Elend erfüllte inzwischen in allen Gestalten Erde, Luft und Meer. Die Krankheiten irrten bei Tag und bei Nacht unter den Menschen umher, heimlich und schweigend, denn Zeus hatte ihnen keine Stimme gegeben. Fieber belagerte die Erde, und der Tod, der früher nur langsam die Sterblichen beschlich, beflügelte seinen Schritt.

Danach wandte sich Zeus mit seiner Rache gegen Prometheus. Er übergab ihn dem Meisterschmied Hephaistos und seinen Dienern. Die schleppten den Titanensohn in die skythischen Einöden und schmiedeten ihn hier, über einem schauerlichen Abgrund, an eine Felswand mit unauflöslichen Ketten. So musste Prometheus fortan an der freudlosen Klippe des Berges hängen; aufrecht, schlaflos, niemals imstande, das müde Knie zu beugen. Aber der Schöpfer der Menschen blieb ungebeugt, auch wenn er oft Winde, Ströme, Quellen, die Allmutter Erde und den Sonnenkreis zu Zeugen seiner Pein anrief. Da wurde Zeus wiederum zornig und sandte dem Elenden auch noch einen riesigen Adler, der täglich an der sich ständig erneuernden Leber des Prometheus hackte. Die Qual solle nicht aufhören, so hatte der Götter oberster Herr es bestimmt, bis jemand käme, der sich erböte, Stellvertreter zu werden.

Der Tag der Erlösung nahte, als Herakles sich des Gefangenen erbarmte. Der Held spannte seinen gewaltigen Bogen, entsandte den Pfeil und traf den grausamen Vogel mitten ins Herz. Dann befreite er den Gefangenen und führte ihn mit sich. Damit aber des Zeus Bedingung erfüllt wurde, stellte er ihm den Zentauren Chiron zur Seite, der bereit war, für Prometheus zu sterben. Ein großes Opfer, war er doch bis dahin unsterblich gewesen. So konnte sich Zeus rühmen, dass er keine Milde habe walten lassen.

Ein kluges, abergläubisches Volk

So weit die Schöpfungsgeschichte, wie Homer die Jahrhunderte alte Überlieferung der Griechen aus seiner Sicht aufgeschrieben hatte. Möglich, dass die Geschichte der direkte Ausdruck der schwermütigen Psyche des griechischen Volkes war. Vielleicht hat aber auch diese wenig erbauliche Geschichte die Historie der Griechen nachhaltig geprägt. Wie auch immer: Die Griechen der Antike waren ein merkwürdiges und zugleich ein faszinierendes Volk. Ihr Leben und ihr Tagesablauf waren von den Göttern bestimmt, die sie sich selbst geschaffen hatten.

Die Griechen waren abergläubisch, aber auch immens klug. Sie waren tapfer, aber auch stets irgendwie kleinmütig. Ihre Denker schufen die ersten Grundlagen für Mathematik,

Medizin und Philosophie. Ihrer Polis, ihrer Gemeinschaft, entsprangen die Regeln der Demokratie. Ihre Dichter werden noch heute gefeiert, ihre genialen Baumeister immer noch gerühmt. Sie kolonisierten fast die gesamte damals bekannte Welt und scheiterten schließlich doch an Kleinmut, Missgunst und Beschränktheit.

Das Volk der Griechen entstammt der großen arischen Völkerfamilie aus dem Inneren Asiens. Das zerklüftete, bergige Land, das sie etwa 1900 vor Christus zu besiedeln begannen, war – und ist – kein Land des Reichtums und des Überflusses. Die Ausdehnung des anbaufähigen Bodens ist gering. Starke Temperaturschwankungen, vor allem die ständig wiederkehrende Dürre der Sommermonate, machen das Leben in dem sonnendurchfluteten Land nicht leicht. Nichts fällt den Bewohnern Griechenlands ohne Arbeit in den Schoß und oft erweist sich alles Menschenwerk als vergeblich, wenn Poseidon seinen Dreizack schwingt und den Erdboden zum Beben bringt.

Die Religion dieses Volkes verehrt den ehrwürdigen Zeus, den Vater der Götter. In ihm erblicken sie eine Verkörperung der allmächtigen Natur, mit der ihr Leben aufs engste verbunden ist. In dem Himmelsgott verehren sie zugleich den Schutzherrn der menschlichen Ordnung, der Familie und des jeweiligen Staatsverbandes, der Angehörige eines Stammes und einer Sprache zusammenschließt.

Die erste kulturelle Blüte entfaltete Griechenland auf Kreta, der größten Insel des östlichen Mittelmeeres. Schon die Alten nannten sie wegen ihrer bevorzugten Lage und ihres milden Klimas „Die Insel der Seligen". Im Zentrum der Seeverbindungen zwischen Ägypten, Syrien, Kleinasien, Griechenland und dem Westen gelegen, nahm Kreta im Laufe ihrer Geschichte die verschiedensten Einflüsse von fremden Kulturen auf. Wie in einem großen Hohlspiegel vereinigten sich dort viele Strahlen der geschichtlichen Entwicklungen zu einem mächtigen Bündel, das mit seiner Leuchtkraft das Dunkel der ägäischen Frühgeschichte durchdringt. Die Namen „Kreta" und „Mykene" sind Symbole für eine Epoche, die um 1700 vor Christus beginnt und im 12. Jahrhundert vor Christus endete.

In den Städten Kretas wie Knossos und Phaistos lebten damals 50.000 bis 60.000 Menschen. Die Kreter waren hochzivilisierte Leute. In der Umgebung ihrer Königspaläste erstreckten sich oft regelrechte Villenbezirke. Die wohlhabenden Schichten der Kaufleute und Landbesitzer gaben dem Hofleben einen glänzenden Rahmen: eine frohe Rokoko-Welt ohne Angst und Krieg; eine Welt der offenen Türen.

Die Frau war das Maß der Dinge. Reifröcke rauschten durch die Säle, hohe Stöckelschuhe klapperten über die Marmortreppen. Das lackschwarze Haar war kunstvoll geflochten, mit Perlen und funkelnden Steinen geschmückt. Die Zöpfe fielen bis zu der mädchenhaft schmalen Taille herab. Ein kleines, vorne offenes Bolerojäckchen lag auf den zarten Schultern der Damen. Stolz und frei wölbte sich der Busen. Man lebte für den Tag, für den Augenblick. Die Reichen und die Familien der Herrscher feierten glänzende Feste, veranstalteten Stierspiele, Box- und Ringkämpfe. Alles diente dem verfeinerten Genuss.

Während auf Kreta geradezu paradiesische Zustände herrschten, rüstete im Norden, auf dem Festland, das kriegerische Volk der Dorer, um Beute zu machen. Es hatte gelernt wie die Kreter Schiffe zu bauen, es wuchsen die Begehrlichkeiten. Schließlich war die Insel der Seligen zu jener Zeit eine führende Handelsnation, die sich ihre berühmten Amphoren und fein gearbeiteten Schmuckstücke, die herrlichen Stoffe und schweren Weine gegen Gold und Silber reichlich bezahlen ließ. Was lag also näher, dieses Paradies zu überfallen und auszurauben?

Die Katastrophe brach ohne Vorwarnung über die minoische Kultur herein. Die Dorer überrannten die blühende Insel, plünderten wahllos und ließen keinen Stein auf dem anderen. Nie wieder sollte die minoische Kultur aus ihren Trümmern auferstehen. Den Menschen auf Kreta war die Seele aus dem Leib gerissen worden.

Die Entführung der Helena

Wie eine ganze Kultur kriegerisch zerstört werden kann, das beschreibt Homer so besonders eindrucksvoll in der Sage von Troja.

Als König Priamus von Troja noch ein Knabe war, wurde seine Schwester Hesione von Herakles, der Troja erobert hatte, als Siegesbeute fortgeschleppt und seinem Freunde Telamon geschenkt. Obgleich Telamon sie zu seiner Gemahlin und zur Fürstin von Salamis erhoben hatte, konnte Priamus diesen Raub nie verschmerzen. Als nun am Königshofe wieder einmal die Rede auf jene Entführung kam und Priamus seine Sehnsucht nach der fernen Schwester zu erkennen gab, da stand Paris im Rat der Söhne auf und erklärte, wenn man ihn mit einer Flotte nach Griechenland schicken wolle, so gedenke er mit der Götter Hilfe des Vaters Schwester den Feinden zu entreißen.

Nun aber war unter den vielen Söhnen des Priamus noch ein Seher namens Helenos. Der versicherte, wenn sein Bruder

Paris ein Weib aus Griechenland mitbringe, so würden die Griechen nach Troja kommen, die Stadt schleifen und Priamus töten. Die Weissagung löste Verwirrung aus. Troikos, der jüngste Sohn des Königs, ein tatendurstiger Jüngling, wollte von den Prophezeiungen des Helenos nichts hören. Er schalt den Bruder furchtsam und bat, man möge sich durch seine Warnungen nicht abschrecken lassen. Andere äußerten Bedenken. Priamus aber trat auf die Seite des Paris, denn es verlangte ihn sehnlich nach seiner Schwester.

König Priamus also ließ Schiffe rüsten und sandte seinen Sohn Hektor ins Phrygerland, Paris und Deiphobos ins benachbarte Päonien, um Verbündete zu werben. Zusammen mit den wehrfähigen Männern Trojas kam ein gewaltiges Heer zusammen. Der König stellte es unter den Befehl seines Sohnes Paris.

Die Flotte stach in See und steuerte die griechische Insel Kythera an, wo sie zuerst zu landen gedachte. Unterwegs begegnete sie dem Schiffe des spartanischen Königs Menelaos, der auf einer Fahrt nach Pylos zu dem weisen Nestor unterwegs war. Der Spartaner staunte, als er den prächtigen Schiffszug erblickte, und auch die Trojaner betrachteten neugierig das griechische Fahrzeug, das festlich geschmückt war. Aber der König und der Königssohn kannten sich nicht und segelten aneinander vorbei.

Die trojanische Flotte kam glücklich auf der Insel Kythera an. Von dort wollte sich Paris nach Sparta begeben, um seine Vaterschwester Hesione zu fordern. Würden die Griechen sie ihm verweigern, so sollte er nach dem Befehl des Priamus mit der Kriegsflotte nach Salamis segeln und die Fürstin mit Gewalt befreien.

Ehe Paris jedoch die gefahrvolle Reise nach Sparta antrat, wollte er in einem der Aphrodite und der Artemis geweihten Tempel ein Opfer darbringen. Inzwischen hatten die Bewohner der Insel das Anlegen der mächtigen Flotte nach Sparta gemeldet, wo die Fürstin Helena in der Abwesenheit ihres Gemahls Menelaos allein Hof hielt. Helena, eine Tochter des Zeus und der Leda und die Schwester des Kastor und Pollux, war die schönste Frau ihrer Zeit. Schon als zartes Mädchen einmal von Theseus entführt, war sie ihm von ihren Brüdern wieder entrissen worden.

Wie Helena bei ihrem Stiefvater Tyndareus, dem König zu Sparta, zur Frau erblühte, zog ihre Schönheit eine ganze Heerschar von Freiern an. Tyndareus fürchtete, wenn er einen von ihnen zum Bräutigam wählte, würde er sich alle anderen zu Feinden machen. Da gab ihm der schlaue Odysseus von Ithaka den Rat, alle Werber durch einen Eid zu verpflichten, dass sie dem erkorenen Bräutigam gegen jeden, der den König wegen seines Entscheids anfeindete, mit der Waffe in der Hand beistehen würden. Tyndareus ließ die Freier diesen Eid schwören und erwählte dann den Sohn des Atreus, Menelaos. Diesem gab er Helena zur Gemahlin und überließ ihm sein Königreich Sparta. Die junge Herrscherin gebar ihrem Gatten eine Tochter, Hermione, die noch in der Wiege lag, als Paris nach Griechenland kam.

Als nun die schöne Fürstin Helena, die während der Abwesenheit ihres Gemahls freudlose Tage in ihrem Palaste verlebte, von der Ankunft eines trojanischen Königssohnes auf der Insel Kythera Kunde erhielt, überkam sie weibliche Neugierde, den Fremdling und sein kriegerisches Gefolge kennen zu lernen. Sie segelte also hinüber, um ein feierliches Opfer im Artemistempel auf Kythera darzubringen.

Das Heiligtum betrat sie in dem Augenblick, da Paris sein Opfer beendet hatte. Als der Trojaner die nahende Fürstin bemerkte, sanken ihm vor Erstaunen die zum Gebet erhobenen Hände. Er meinte, die Göttin Aphrodite wieder zu erblikken, wie sie ihm als Jüngling erschienen war. Der Auftrag seines Vaters, der Zweck der Reise und Rüstung schwand ihm aus dem Sinn. Er glaubte sich nur dazu ausersehen, Helena zu erobern. Während er so in ihre Schönheit versunken stand, betrachtete auch die Fürstin Helena den Königssohn aus Troja, der in Gold und Purpur gekleidet war. Das Bild von ihrem Gemahl verblasste vor ihrem Geiste, an seine Stelle trat die Gestalt des jugendlichen Fremdlings.

Helena kehrte eilig nach Sparta in ihren Palast zurück. Sie versuchte, das Bild des schönen Jünglings aus ihrem Herzen zu verdrängen und wünschte ihren noch in Pylos verweilenden Gatten Menelaos zurück. Statt seiner erschien eines Tages Paris mit erlesener Begleitung in Sparta und bahnte sich mit seiner Botschaft den Weg in die Halle des abwesenden Königs. Die Gemahlin des Fürsten empfing ihn mit der Gastfreundschaft, die sie dem Fremden schuldig war. Dann betörten seine Saitenkunst, sein einschmeichelndes Gespräch und die heftige Glut seiner Liebe das unbewachte Herz der Königin. Als Paris ihre Treue wanken sah, vergaß er den Auftrag seines Vaters vollends. Er versammelte seine Getreuen, die bewaffnet mit ihm nach Sparta gekommen waren, und verleitete sie durch Aussicht auf reiche Beute in den Frevel zu willigen, den er plante. Er stürmte den Palast, bemächtigte sich der Schätze des Menelaos und entführte Helena, die dem Paris widerstrebend und doch nicht ganz wider Willen auf die Insel Kythera folgte.

Troja, Sage und Wirklichkeit

Die Griechen und ihre Sagen... Reich ist ihre Geschichte an Helden und Dramen, an tapferen Königen und ehrlosen Schurken. Zehn Jahre sollen sie Troja belagert haben, bis sie den Raub der schönen Helena gerächt und Troja dem Erdboden gleich gemacht hatten. Wahrheit oder Dichtung? Fest steht jedenfalls, dass Troja existierte. Aber gab es auch einen Achill, einen Paris oder einen Odysseus? Vermutlich. Der Mann, der davon zeugt, lebte um 900 oder 800 vor Christus. Sein Name: Homer. Die Zeit, in der seine Ilias spielt, in der tapfere griechische Helden den Raub der schönen Helena sühnten, gilt als heroische, als alte Zeit. Es ist die Epoche von 1500 bis 1100. Was die lange Kette der Generationen von Mund zu Mund weiter gegeben hatte, das fügte der geniale Dichter sinnvoll ineinander und formte es zu einem großen Heldenepos.

Sind Homers Erzählungen Legenden oder ist doch mehr als ein Körnchen Wahrheit dabei? Heinrich Schliemanns erfolgreiche Ausgrabungen an dem Ort, wo das antike Troja vermutet wird, scheinen dies zu bestätigen. Irgendwann um 1100 vor Christus verschwand für 400 Jahre die griechische Kultur. Spurlos. Sogar die Schriftsprache geriet bei den Menschen in Vergessenheit. Für diese Katastrophe könnten ein gewaltiges Erdbeben, ein Sklavenaufstand oder die vernichtende Gewalt eines geheimnisvollen Seeräubervolkes verantwortlich sein. Die Wissenschaft forscht noch immer. Jedenfalls ging das gesamte östliche Mittelmeer in einem Meer von Feuer und Zerstörung unter, und über dieses so genannte „dunkle Zeitalter" senkte sich undurchdringlich der Vorhang der Geschichte.

Erst Homer legte mit seinen Epen die Grundlagen, auf denen zum ersten Mal das griechische Nationalgefühl erwuchs. Alle griechischen Stämme ohne Ausnahme bekannten sich zu diesem genialen Dichter. Wie seine Phantasie die Göttergestalten geformt hatte, so sind sie auch in den Glauben der Hellenen eingezogen. In der Schöpfung eines alle griechischen Stämme umfassenden Sagenkreises wird in der Übergangszeit zum ersten Mal die Idee der griechischen Einheit sichtbar. Die homerischen Gedichte haben den Griechen nicht nur eine Literatursprache gegeben, sie sind darüber hinaus zu einem wirksamen Ferment des griechischen Nationalbewusstseins und der gemeinsamen griechischen Religiosität geworden.
Wir wissen von Homer, dass die von Paris geraubte Helena die Frau des Spartakönigs Menelaos war. Was aber waren die Spartaner für ein Volk, denen die griechischen Helden so ausdauernd jahrelang zur Seite standen, als es galt, die Ehre des geschmähten Königs, ja die Ehre der Götter zu verteidigen?

Das wehrhafte Sparta

Die einzigartige spartanische Staatsordnung war nicht das Werk eines einzelnen Gesetzgebers. Sie war das Ergebnis eines Jahrhunderte langen Belagerungszustandes, in dem sich die wenigen Spartaner einer Überzahl der unterworfenen Stämme gegenüber sahen. Die Grundlagen des Staatslebens in Sparta waren das Doppelkönigtum, der aus 30 Mitgliedern gebildete „Rat der Alten“ und die Heeresversammlung, die Apella. Auf das Zusammenwirken dieser Organe gingen in der Frühzeit alle politischen Entscheidungen von Bedeutung zurück. Die Entstehung des eigenartigen Doppelkönigtums, das in den adeligen Häusern der Agiaden und Eurypontiden erblich war, liegt im Dunkeln.

Obwohl die Bürgerschaft Spartas in der Frühzeit recht ansehnlich war, so bildete sie dennoch nur eine Minderzahl gegenüber der um ein vielfaches größeren vordorischen Bevölkerung in Kakonien. Durch die Unterwerfung Messeniens gestaltete sich das zahlenmäßige Ungleichgewicht für die kriegerischen Spartaner noch sehr viel ungünstiger. Den Spartiaten, den Vollbürgern, stand die große Zahl der lakedaimonischen Periöken gegenüber. Sie bewohnten, auf etwa 100 Städte verteilt, vor allem die gebirgigen Randgebiete Lakoniens, aber auch den Süden und Norden Messeniens. Auch die Periöken waren Griechen und wie die Spartiaten Glieder des Staates der Lakedämonier; ihre Kontingente bildeten den größten Teil des spartanischen Heeres. Von der Teilnahme an der Apella wie von der spartanischen Staatserziehung waren sie jedoch ausgeschlossen.

Ganz anders die Lage der Heloten, der Masse der vordorischen Bevölkerung Lakoniens und der völkisch nicht einheitlichen Messenier. Als eine Art von Staatssklaven waren sie an die Scholle gefesselt und den spartanischen Herren abgabepflichtig. Der ihnen auferlegte Grundzins, in Messenien die Hälfte des gesamten Bodenertrages, gestattete der spartanischen Herrenschicht, fern von ihren Gütern in Sparta ein militärisches Lagerleben zu führen, dessen Sinn in der Erhaltung und dauernden Stärkung der spartanischen Wehrkraft bestand.

Grundlage des Staates war die spartanische Erziehung, die als Ideologie gepflegt wurde. Kein Spartiate arbeitete als Fischer oder Bauer, Handwerker oder Händler. Jeder beschäftigte sich ausschließlich mit dem Kampf oder dem Training für den Kampf. Die jungen Männer mussten sich das Bürgerrecht im Laufe vieler Jahre erst durch Prüfungen und Wettkämpfe verdienen.

Die Gemeinschaft, das heißt der Staat, entschied schon bei der Geburt eines spartanischen Kindes, ob es am Leben bleiben oder ausgesetzt werden sollte. Sparta sah in kränklichen Kindern eine Gefahr für das Spartiatentum. Die Spartaner haben für diesen Staatsbegriff einen Ausdruck geprägt, den wir auch heute noch kennen: Kosmos. Ein schönes Wort, ein schreckliches Wort, wenn man es so anwendet, wie es das Kriegervolk getan hat. Auf diesem Altar hat Sparta für sich eine der schönsten, leuchtendsten Blüten des Griechentums geopfert: die Freiheit des Einzelnen

Im Alter von sieben Jahren wurden die Jungen von ihrer Familie getrennt und in eine Erziehungsanstalt gesteckt, die „Agoge". Ab dem 12. Lebensjahr wurden die Knaben für den harten Militärdienst gedrillt. Erst im Alter von 20 war die Ausbildung fast beendet; jetzt ging es darum, die Aufnahme in eine der Speise- oder Tischgemeinschaften zu erlangen, der berühmten „Syssitia". Ein neues Mitglied wurde nur mit Zustimmung aller Mitglieder aufgenommen, musste die staatliche Erziehung durchlaufen haben und über genügend Grundbesitz verfügen, um die Beiträge zu zahlen.

Diese Speisegemeinschaften waren eine wichtige Sozialeinrichtung und sollten Streit und Zank verhindern. Ältere und Jüngere wurden gemischt, um den Generationenkonflikt abzumildern. Der Speisezettel war schmal und jeden Tag gleich: eine Blutsuppe mit Schweinefleisch und Essig, bekannt als „Melas Zomas", die schwarze Suppe. Ehe und Familie, für die wenig Raum blieben, dienten im Wesentlichen nur zur Erzeugung des Nachwuchses.

Sparta war die Hochburg der Knabenliebe. Und da Sparta eine einzige große Ordensburg war, war auch die Paiderastia durch bestimmte Regeln festgelegt. Der Staat wünschte, dass jeder Jüngling durch erotische Bande fest an einen vorbildlichen Mann gekettet war und jeder Krieger durch die gleichen Gefühle zu einem Pais, einem Knaben, zu höchstem Vorbild aufgestachelt würde. Die Spartaner opferten vor dem Gang in die Schlacht dem Eros. Sie waren nicht nur überzeugt davon, sondern sie hatten Beweise dafür, dass die Liebe der Seite an Seite kämpfenden Freunde ein Garant für den Sieg sei.

Das fast vollständige Fehlen einer privaten Sphäre im Leben des spartanischen Vollbürgers wurde zu aller Zeit, auch schon im Altertum, als etwas Fremdes und Unnatürliches empfunden. Primitive Lebensformen der Einwanderungszeit und der harte Zwang, der sich aus der ständigen Kriegsbereitschaft der spartanischen Mannschaft ergab, führten zu einem ausgeprägten militärischen Gemeinschaftsleben, das in der gesamten Geschichte des Altertums kein Vorbild findet. Wie der spartanische Staat so sind auch die besonderen Formen des Gemeinschaftslebens das Ergebnis einer längeren Entwicklung. Eine Theorie besagt, dass die schwere Not des 2. Messinischen Krieges am Ende des 7. Jahrhunderts, der über 20 Jahre dauerte, entscheidend zur Ausbildung der Agoge beigetragen hat.

Zu jener Zeit wuchs auch der Wille der spartanischen Staatsführung, die in der Peloponnesos errungene Stellung zu behaupten, und sei es auch um den Preis alles dessen, was bisher dem Leben der Bürger Reichtum, Glanz und Fülle verliehen hatte. Umso bedeutender ist die Leistung der Spartaner auf militärischem Gebiet: ständige Übung und dauernde Bereitschaft schmiedeten aus dem spartanischen Heer ein zahlenmäßig zwar nur kleines, dafür aber umso schlagkräftigeres Machtinstrument.

Die Zwänge der spartanischen Staatsordnung traten zuerst im 6. Jahrhundert vor Christus zutage: Schärfste Überwachung der Heloten, Fernhaltung aller Landesfremden, Verbot der Gold- und Silbermünzen – in Sparta kursierte nur Eisengeld – Verzicht auf die Teilnahme an dem kulturellen Leben der übrigen Griechen. Die Kriegerkaste führte ein eintöniges, ein freudloses Leben. Gegängelt von Pflichten, verfolgt von der wachsamen Obrigkeit und umgeben von Stämmen, die sie hassten. Es war sicher kein Glückslos, von einer spartanischen Mutter geboren worden zu sein.

Die Sage von Theseus und Ariadne

Der Konflikt zwischen militärischer Selbstdisziplin und kühnem Freiheitsdrang beschreibt auch die berühmte Sage von Theseus und Ariadne:

Es war zu der Zeit, als Theseus, der Sohn des athenischen Königs Ägeus, seinem Vater in der Regierung zur Seite stand. Der junge Held war bereit, sich zusammen mit sechs weiteren Jünglingen und sieben Jungfrauen am Hof des kretischen Königs Minos dem Minotaurus, einem zwitterhaften Geschöpf – halb Mensch, halb Stier, das in einem Labyrinth lebte – geopfert zu werden. Der Herrscher aus Kreta verlangte dieses Opfer alle neun Jahre, weil die Athener den Sohn des Minos, Androgeos, einst hinterlistig getötet hatten.

Bisher war das Schiff, das die unglücklichen Opfer nach Kreta hinüberführte, zum Zeichen ihrer Rettungslosigkeit mit schwarzem Segel abgesandt worden. Jetzt, als Ägeus Hoffnung hatte, sein Sohn würde das schreckliche Wesen überwinden, rüstete er zwar das Schiff auf die gleiche Weise wie immer aus, doch gab er dem Steuermann ein weiteres

Segel von weißer Farbe mit und befahl ihm, das helle zu hissen, sollte der Tapfere gerettet zurückkehren.

Als Theseus auf Kreta gelandet und vor Minos erschienen war, zog seine Schönheit und Jugend die Augen der Königstochter Ariadne auf sich. Sie richtete es ein, ihm allein zu begegnen, gestand ihm ihre Zuneigung und händigte ihm ein Knäuel Faden aus, dessen Ende er am Tor des Labyrinthes fest knüpfen und das er während des Wegs durch die verwirrenden Irrgänge in der Hand ablaufen lassen sollte, bis er dahin gelangt wäre, wo der furchtbare Minotaurus Wache hielte. Zugleich übergab sie ihm ein Schwert, mit dem er das Ungeheuer töten könnte.

Theseus tötete tatsächlich mit seiner Zauberwaffe den Minotaurus und wand sich mit allen, die bei ihm waren, mit Hilfe des abgespulten Zwirns aus den Höhlengängen glücklich wieder heraus. Dann entfloh er samt den Seinen in Begleitung Ariadnes, die der junge Held mit sich nach Athen führen wollte. Auf ihren Rat hin hatte er in die Böden der kretischen Schiffe Löcher geschlagen und so ihrem Vater die Verfolgung unmöglich gemacht. Schon glaubte Theseus seine Beute und sich in Sicherheit. Sorglos machte er mit Ariadne auf der Insel Naxos Station. Da erschien ihm der Gott Dionysos im Traum und erklärte, dass Ariadne ihm, Dionysos, vom Schicksal als Braut bestimmte sei und drohte dem Königssohn viel Unheil an, wenn er von der Geliebten nicht lassen wolle.

Theseus hatte Ehrfurcht vor den Göttern, ließ die wehklagende Königstochter auf der Insel zurück und segelte in seine Heimatstadt weiter. Doch der Kummer über den Verlust der Königstochter war groß. In ihrer Trauer vergaßen seine Gefährten, dass ihr Schiff noch immer das schwarze Segel aufgezogen hatte, mit dem sie ausgelaufen waren, und steuerten so auf Athen zu. König Ägeus harrte indessen an der Küste, als das Schiff näher kam. Aus der Farbe des Segels schloss er, dass sein geliebter Sohn tot sei, trat an den Rand des Felsens, von dem er Ausschau gehalten hatte, und stürzte sich in die Tiefe.

Das demokratische Athen

Athen. 593 vor Christus war sie noch keine glänzende, große, lichte Stadt wie 100 Jahre später. Athen beherrscht um diese Zeit zwar schon Attika, aber das ist kein großes Kunststück: Das Hinterland ist arm und dünn besiedelt. Ein paar tausend wehrfähige Männer, ein paar tausend fast unsichtbar in den Häusern lebende Frauen und einige tausend Hörige und Sklaven wohnten innerhalb der Mauern, die sich in einem unregelmäßigen Kreis um die Akropolis zogen. In zehn Minuten durchwanderte man Athen von einem Ende bis zum anderen. Aber Athen hatte eine Patrizier-Regierung. Die Stadt hatte keinen König, keinen Kaiser, keinen Diktator. Athen entwickelte sich nicht wie das von Feinden umgebende Sparta zu einem Militärstaat, sondern durch den klugen Gesetzgeber Solon und später den milden Tyrannen Peisistratos zu einem aufgeklärten Bürgerstaat mit einer richtigen Verfassung.

Solon war aus altem Geschlecht und reich. Er war als Feldherr siegreich heimgekehrt und ein gefeierter Dichter. Was er als Stadtoberhaupt beschloss, war von genialer Einfachheit, aber sehr erfolgreich: Er verkündete als erstes die Aufhebung aller auf Grund und Boden sowie auf Leibeigenschaft gemachten Schulden und verbot für alle Zukunft das Beleihen der eigenen Person. Alle in Leibeigenschaft Geratenen waren sofort freizulassen, alle Verkaufte auf Staatskosten sofort zurückzuholen. Das zweite Gesetz verordnete eine Währungsreform und eine Normung der Maße und Gewichte. Und das dritte entmachtete die Familienclans. Jeder, der kinderlos war, konnte seinen Besitz jetzt testamentarisch ohne Rücksicht auf andere Verwandte jedem beliebigen Bürger vererben. Und jeder, der Kenntnis von einem Unrecht hatte, konnte Anzeige erstatten, auch wenn die Betroffenen sich einig waren und selbst keine Klage erhoben hätten. Das vierte Gesetz verbot den Export aller Bodenprodukte, die lebenswichtig, aber knapp waren. Ein weiteres Gesetz galt der Förderung des rapide aussterbenden Handwerks. Interessanterweise versuchte Solon hier gar nicht erst, das politisch zu regeln, sondern er setzte einfach die Eltern unter Druck. Niemand sollte im Alter und in der Not Anspruch auf Unterstützung durch die Söhne haben, wenn er es nicht für nötig befunden hatte, sie in der Jugend ein Handwerk lernen zu lassen.

Schon diese Gesetze waren ein herber Eingriff in die geltende Verfassung. Ihnen aber folgten nun zwei weitere Maßnahmen, die direkt an den Nerv der Staatskonstruktion gingen. Solon schuf einen „Rat der 400“", der aus dem Volk per Los bestimmt wurde – eine Art Unterhaus als Gegengewicht gegen den seit alter Zeit bestehenden „Areopag“, das bisher allein Recht sprechende und Aufsicht führende Oberhaus. Ferner setzte er fest, dass über Krieg und Frieden und über die Berufung der höchsten Staatsbeamten künftig stets die Versammlung des gesamten Volkes zu entscheiden habe.

Das war die Geburtsstunde des demokratischen Bewusstseins. Noch aber war das keine reine Demokratie. Denn vor der Volksversammlung und vor dem Volksgericht waren alle Bürger gleich. Ging es aber um das Staatswesen, so schien es Solon unbedingt nötig, die Stimmen derer, die nichts zu verlieren hatten, auszuschalten. Solon betrachtete Athen als eine

Art Liegenschaft oder Aktiengesellschaft. Er teilte die Mitglieder nach der Größe ihres Vermögens in drei Gruppen ein: In die so genannten 500-Scheffler, die 300-Scheffler und die 200-Scheffler, gemeint war damit die Größe des Boden- oder Geldertrags pro Jahr.

In dieser Abstufung wurden die entscheidenden Staatsämter verteilt. Adel und Herkunft spielten keine Rolle mehr. Wer weniger verdiente, vielleicht gerade mal seinen Lebensunterhalt, hatte sich als ein „Bürger ohne Kaution“ zu bescheiden.

593 war das Werk des Solon vollendet. Seine Gesetze wurden in die steinernen Säulen der alten Königshalle eingemeißelt. Solon aber zog sich, von der Bevölkerung hochgeachtet, ins Privatleben zurück.

Die Rache für Helena

Die Entführung Helenas hatte schlimme, weit reichende Folgen, wie uns Homers Mythos erzählt:

Die Versündigung, die Paris als Gesandter gegen das Gastrecht Spartas begangen hatte, empörte mächtige Fürstengeschlechter. Menelaos, der König von Sparta, und sein älterer Bruder Agamemnon, der König von Mykene, waren Männer, die diese Schmach nicht auf sich sitzen lassen konnten. Den beiden Herrschern gehorchten außer Argos und Sparta die meisten Staaten des Peloponnes. Viele Führer des übrigen Griechenlands waren mit ihnen verbündet. Als daher die Nachricht von dem Raube seiner Gattin Helena den König Menelaos bei seinem guten Freunde Nestor zu Pylos ereilte, reiste der entrüstete Fürst zu seinem Bruder Agamemnon nach Mykene, der dort mit seiner Gemahlin Klytämnestra, der Halbschwester Helenas, regierte.

Agamemnon teilte den Schmerz und den Grimm seines Bruders. Er tröstete ihn und versprach, die Freier Helenas an ihren Eid zu mahnen. So bereisten die Könige ganz Griechenland und forderten alle Fürsten zur Teilnahme an einen Feldzug gegen Troja auf. Die ersten, die sich anschlossen, waren Tlepolemos von Thodos, ein Sohn des Herakles, der sich erbot, 90 Schiffe für den Kampf gegen das treulose Troja zu stellen. Dann Diomedes, der Sohn des Helden Tydeus, der mit 80 Schiffen die mutigsten Peloponnesier der Unternehmung zuzuführen versprach.

Nachdem die Fürsten mit den Atriden zu Sparta Rat gehalten hatten, erging die Aufforderung auch an die Zeussöhne Kastor und Pollux, die Brüder Helenas. Beide waren sogar schon auf die erste Nachricht von der Entführung ihrer Schwester hin dem Räuber nachgesegelt und bis zur Insel Lesbos, nahe der trojanischen Küste, gelangt. Dort ergriff ein Sturm ihr Schiff und zerschlug es. Aber Kastor und Pollux starben nicht in den Wellen. Ihr Vater Zeus versetzte sie als Sternbilder an den Himmel, wo sie als Beschirmer der Schifffahrt ihr ewiges Amt verwalten.

So erhob sich also ganz Griechenland und gehorchte der Aufforderung von Menelaos und Agamemnon. Auch der zögernde Odysseus aus Ithaka und Achill, der Sohn der Meeresgöttin Thetis, verweigerten sich nicht mehr. Zum Versammlungsort aller griechischen Fürsten, ihrer Krieger und Schiffe wurde von Agamemnon die Hafenstadt Aulis in Böotien, an der Meerenge von Euböam, bestimmt. Ihn hatte man zum obersten Befehlshaber ernannt. Agamemnon zur Seite standen der riesige Ajax, der Sohn des Telamon aus Salamis, und sein Halbbruder Teukros, ein trefflicher Bogenschütze. Aus Pylos nahte Nestor, der schon drei Menschenalter gesehen, aus Kreta Idomeneus und Meriones. Alle, alle kamen, um die Ehre der Griechen wieder herzustellen.

Die Schlacht bei Marathon

Um 500 vor Christus war Sparta die führende Macht in Griechenland. Sparta stand dem Peloponnesischen Bund vor, einer Wehrgemeinschaft, der Athen nicht angehörte. König Kleomenis I. war es, der Argos, den letzten ernsthaften Gegner des Soldatenstaates, nieder rang. In einer gewaltigen Feldschlacht bei Sepeia blieb das Heer des Bundes Sieger über die Argiver. Daraufhin traten auch Tiryns und Mykene zu Sparta über.

Trotzdem empörten sich die übrigen Griechen über die Kriegerkaste: Denn das mächtige Sparta rührte im Gegensatz zu Athen keinen Finger, um den bedrohten Brüdern in Kleinasien zu Hilfe zu kommen, die sich gegen die Willkür der Perser aufgelehnt hatten. Der Aufstand der Griechen wurde von dem übermächtigen persischen Herrscher Daraios blutig nieder geschlagen.

Der Großkönig Dareios aber hatte die Hilfsaktionen der Festlandsgriechen nicht vergessen und beschloss, im Westen seines Reiches in seinem Sinne für Ordnung zu sorgen. Das persische Heer sollte die frechen Hellenen züchtigen.

Ziel der persischen Expedition, die im Sommer 490 unter dem Befehl des Datis, eines erfahrenen medischen Offiziers, in See stach, waren Eretria und Athen. Beide Städte sollten für die Unterstützung, die sie den griechischen Aufständischen gewährt hatten, bestraft werden. Sparta sollte isoliert, die übrigen Staaten in eine Anzahl von ohnmächtigen Gruppen aufgespalten werden. Nach der Landung der Perser auf Euboia traf der erste vernichtende Schlag der Invasoren die Stadt Eretria. Ihr Schicksal wurde durch Verrat besiegelt, die Bewohner verschleppt und im fernen Osten angesiedelt.

Nach dieser in ganz Griechenland Entsetzen verbreitenden Aktion gingen die Perser in der marathonischen Ebene in Attika an Land. Jetzt waren die Athener völlig auf sich allein gestellt. Ein Hilferuf an Sparta blieb zwar nicht vergeblich, aber die spartanischen Hilfskrieger trafen, aus welchen Gründen auch immer, zu spät in Attika ein. Obwohl Athen ummauert und damit besser geschützt war, entschlossen sich die Kämpfer, den Persern entgegen zu ziehen, um sie am weiteren Vordringen auf der von Marathon nach Athen führenden Straße zu hindern.

Die Griechen gingen auf den Nordostabhängen des Agrieliki in Stellung und lagen hier tagelang den Persern gegenüber, die im Gefühl ihrer Überlegenheit wiederholt die Schlacht anboten. Es war Miltiades, einer der zehn Strategen, der schließlich befahl, die Herausforderung anzunehmen. Todesmutig stürzten sich die Athener in den Kampf und drängten die überraschten Perser trotz ihrer zahlenmäßigen Überlegenheit zurück. Der Sieg war glanzvoll und überraschend, aber nicht vollkommen. Denn den Invasoren gelang es, den größten Teil ihres Heeres auf die wartenden Schiffe zu evakuieren.

Die Siegesbotschaft brachte der Läufer Pheidippides nach Athen. Er lief über das Brilessos-Gebirge, durch die Pallene-Ebene, am Fuße des Hymettos entlang, 42 Kilometer weit. In Athen brach er, unendlich erschöpft, tot zusammen. Kein Wunder. Schließlich war er es, der zuvor schon den 200 Kilometer langen Weg nach Sparta zurückgelegt hatte, um die Kriegerkaste um Hilfe gegen die Perser zu bitten. An sein Schicksal erinnert der Marathonlauf der modernen Olympischen Spiele noch heute.

Indessen versuchte das Heer, so schnell es eben ging, im Eilmarsch nach Athen zurückzukommen. Die Überlegung des Miltiades erwies sich als richtig, denn der hartnäckige Datis plante, die Stadt von See aus zu blockieren und zu besetzen. Als die Perser landen wollten, sahen sie sich erneut ihrem Bezwinger gegenüber. Entmutigt gab der Feldherr den Befehl zur Heimkehr nach Kleinasien.

Obwohl die Schlacht bei Marathon im September 490 in dem Ringen zwischen Persern und Griechen keine endgültige Entscheidung gebracht hatte, so war sie doch von großer Bedeutung. Denn es war ein Sieg der besseren Waffen Athens und der überlegenen griechischen Taktik. Der moralische Auftrieb, den die Griechen – nicht nur die Athener – durch diesen Sieg bekamen, ist kaum zu überschätzen. Marathon ist unzertrennlich mit dem Namen des Miltiades verbunden. Er hat den entscheidenden Volksbeschluss herbeigeführt, hatte befohlen, die Schlacht vor der Stadt anzunehmen und alle waren ihm wie ein Mann gefolgt.

Der Angriff der Perser

Es dauerte zehn Jahre, bis die Perser wieder zum Kampf gegen die aufsässigen Griechen antraten. Die Vorbereitungen, die der neue Großkönig Xerxes seit dem Jahre 483 für den Feldzug gegen Hellas getroffen hatte, stellten in ihrem Ausmaß alles vorher da gewesene in den Schatten. Sie zeigten ein imponierendes Bild von der Kraft und von der Organisation des persischen Weltreiches. Um die Verpflegung des Heeres sicher zu stellen, wurden zahlreiche Magazine in Makedonien und Thrakien errichtet. Auf ein koordiniertes Vorgehen von Landheer und Flotte wurde besonders Wert gelegt. Im ganzen Reich fanden Aushebungen statt. Es war kein Grenzkrieg, den Xerxes führen wollte, sondern er plante einen Eroberungskrieg gegen das gesamte Land der Griechen. Götterdämmerung am Fuße des Olymps!

Anfang Juni 480 überschritten die persischen Heeresmassen auf zwei Schiffsbrücken den Hellespont zwischen Abydos und Sestos. Von hier aus erreichten sie auf der Küstenstraße den Raum von Thermai in Makedonien. Dem persischen Heer gingen Gesandte voraus, die die Griechen aufforderten, sich zu unterwerfen. Angesichts der bevorstehenden persischen Invasion herrschte in Griechenland eine gedrückte, ja eine panische Stimmung. Sie wurde durch die Sprüche des delphischen Orakels, die Zerstörung und Vernichtung prophezeiten, noch gesteigert. Ein Nachgeben oder gar eine Kapitulation kamen aber gerade für Sparta und Athen, die beiden führenden Stadt-Staaten Griechenlands, nicht in Frage.

Auf einer Versammlung der griechischen Staaten, die zur Abwehr der Perser entschlossen waren und die sich zu einer Eidgenossenschaft verbunden hatten, war schon im Herbst 481 ein allgemeiner Landfrieden in Hellas verkündet worden. Alle Fehden sollten aufhören, alle Verbannten in ihre Heimatgemeinden zurückkehren dürfen. Denjenigen, die mit den Persern sympathisierten, wurde mit der Vernichtung gedroht, der Zehnte ihres Besitzes sollte dem delphischen Apollon verfallen. Zum ersten Male in der Geschichte wurde damit eine griechische Wehrgemeinschaft begründet, die es als ihre Aufgabe betrachtete, alle antipersischen Kräfte des Mutterlandes zusammenzufassen. Es war die übermächtige Bedrohung, die die Griechen alles Trennende vergessen ließ.

Der Kriegsplan wurde vom Athener Themistokles in Gemeinschaft mit den spartanischen Ephoren festgelegt. Die Entscheidung sollte zur See fallen. Die Hoffnung der Griechen war die junge athenische Flotte. An einen kriegsentscheidenden Sieg zu Lande wagte niemand zu denken. Aufgabe des griechischen Landheeres konnte es nur sein, im Zusammenwirken mit den eigenen Seestreitkräften den Vormarsch des Perserheeres in Hellas so lange aufzuhalten, bis es der griechischen Flotte gelungen war, an einer für sie günstigen Stelle die persischen Schiffe zu stellen und entscheidend zu schlagen.

Das Heer der Griechen bezog Stellung bei den Thermopylen, einer schmalen Küstenstraße an der Meerenge zwischen der langgestreckten Insel Euböa und dem Festland. Die Thermopylen selbst sind ein kurzer Abschnitt des Weges, an den die Berge dicht an das schroffe Ufer herantreten. Der griechische Plan war, Xerxes so lange aufzuhalten, bis der Spartaner Eurybiades, er hatte den Oberbefehl über die griechischen Truppen und damit auch über die athenische Flotte, die Perser zu See geschlagen hatte.

Am fünften Tag nach ihrer Ankunft vor den Thermopylen begannen die Perser mit dem Frontalangriff gegen die griechische Riegelstellung. Zwei Tage lang blieb der Ansturm ohne jeden Erfolg. Am dritten Tag umgingen persische Kontingente mit Hilfe ortskundiger Führer die Stellung im Süden und erschienen im Rücken des spartanischen Königs Leonidas. Die Zahl seiner Krieger betrug 7.000. Eine Handvoll gegen das gewaltige persische Heer. Um diese wertvollen Kämpfer zu retten, befahl Leonidas, bevor die Perser die Straße abgeschnitten hatten, den Rückzug aller Krieger mit Ausnahme seiner 300 Spartiaten. Der tapfere König beschloss, nicht zu warten, bis sich der Ring um ihn geschlossen hatte. Er verließ die Barrikaden und stürzte sich auf die Feinde.

Diese Schlacht muss ungeheuerlich gewesen sein. Die Spartiaten wüteten wie die Rasenden unter den Persern, die mit Peitschen zum Angriff vorgetrieben werden mussten. Zwei Söhne des Xerxes fielen unter den Schwerthieben der Todgeweihten. Als die persische Leibgarde eingriff, zog sich Leonidas mit seinen Getreuen gegen den Berg zurück. Sie standen gegen die Felswand gelehnt, und die riesige Übermacht der Feinde hing in Klumpen an jedem einzelnen. Mit unendlicher Verachtung sahen – wie Herodot es schildert – die Spartaner auf die Perser herab. Noch einige Minuten, dann war alles überstanden. In den Herzen der Menschen gebrannt sind zwei Zeilen von schrecklicher Traurigkeit, die noch heute an die Helden erinnern: "Wanderer, kommst Du nach Sparta, melde, du habest uns hier liegen sehen, wie das Gesetz es befahl"

Sengend und brennend zog das Heer des Xerxes jetzt durch Phokis, Böotien und Attika. Schon leuchtete den Persern die Akropolis von Athen im Licht der Septembersonne entgegen. Aber es war eine Geisterstadt, die den Großkönig empfing. Die Straßen, die Plätze, die Häuser waren leer. Mit Sack und Pack hatten Greise, Frauen, Kinder und Sklaven Athen in Richtung Süden verlassen. Nur auf der Akropolis hausten noch ein paar Priester. Der Großkönig gab den Befehl, die Tempelhüter zu töten und Feuer an die Häuser der verlassenen Stadt zu legen. Von Salamis aus, vom Ufer und vom Deck der Schiffe, sahen die Griechen dem Zerstörungswerk tatenlos zu.

Der Sieg vor Salamis

Inzwischen war die persische Flotte ebenfalls vor Salamis angekommen. Es galt jetzt für die Griechen, die Perser in die Bucht zu locken. Der schlaue Athener Themistokles schickte einen angeblichen Verräter zu Xerxes, der dem Perserkönig berichtete, die griechische Flotte sei im Begriff, Salamis zu verlassen und sich zu zerstreuen. Das musste aus der Sicht des Großkönigs unbedingt verhindert werden, denn er wollte die Entscheidung. Die persischen Schiffe, es mögen 700 gewesen sein, drängten in die Bucht, um die Griechen auf den Meeresgrund zu schicken. Auf einer Uferhöhe ließ sich Xerxes auf seinem Thronsessel nieder, um den unausweichlichen Sieg seiner Flotte wie im Theater zu beobachten.

Der Kampf aber nahm genau den Verlauf, den Themistokles vorausgesehen hatte. In schweren Bug-an-Bug-Kämpfen wichen die korinthischen, spartanischen und äginetischen Schiffe langsam rückwärts, den Feind wie im Sog nach sich ziehend. In der drangvollen Enge der Bucht klebten die persischen Kampfschiffe wie Floßhölzer aneinander. Die ganze Masse begann sich langsam im Kreis zu drehen, wobei überhaupt nur noch die äußeren Schiffe mit den Griechen in Berührung kamen.

Sobald die Perser von der Kreiselbewegung erfasst waren, stieß Themistokles mit den Athenern in ihre Breitseite. Von nun an war die Luft erfüllt von wildem Krachen, Bersten und Auseinanderbrechen der feindlichen Trieren. Dem Gros der persischen Schiffe war die Bewegungsfreiheit genommen. Die Perser konnten die Kampfrichtung nicht wechseln, waren hilflos den Attacken ihrer Feinde ausgesetzt. Hunderte ihrer Schiffe schwammen nur noch manövrierunfähig mit, die Steuer zerquetscht, die Ruder abrasiert. Die ganze Flotte drohte sich selbst zu erdrücken. Schließlich gab – unter den Augen des entsetzten Großkönigs – der persische Admiral das Zeichen zur Flucht.

Im Schutze der Dunkelheit rettete sich der Rest der Flotte nach Piräus und am nächsten Morgen weiter nach Andros. Als auch dort die Feinde auftauchten, flohen die Perser nach Kleinasien, immer weiter verfolgt von den Griechen. Xerxes begab sich auf dem Landwege zurück nach Persien, um von dort aus einen für das folgende Frühjahr geplanten erneuten Feldzug gegen die Griechen vorzubereiten.

Die Nachricht vom Sieg bei Salamis fegte in Windeseile durch ganz Griechenland. Der Name des Retters war in aller Munde. Sogar Sparta dankte Themistokles durch eine feierliche Ehrung.

Aber der persische Großkönig war noch nicht besiegt. Im Winter 480/479 kam es in Athen zu einem folgenschweren politischen Umschwung. An Stelle von Themistokles wurden Xanthippos und Aristeides zu Strategen gewählt worden. Sie verfügten nicht über das militärische Talent eines Themistokles. Und so wiederholte sich die Misere vom Jahr zuvor: Im Sommer 479 mussten die Athener vor dem von Norden heran nahenden Perserheer erneut das attische Land und ihre Heimatstadt räumen. Während sie in Salamis Zuflucht suchten, vollendeten die Perser ihr Zerstörungswerk an der geschundenen Stadt. Den dringenden Beistandsbitten der Athener konnten sich die Spartaner nun nicht länger verschließen. Pausanias, der Vormund des jungen Königs Pleistarchos, des Sohnes des tapferen Leonidas, führte das Aufgebot über den Isthomos. Mit ihm vereinigten sich die Kontingente der griechischen Eidgenossen von Athen, Platää, Megara, Ägina, von Korinth und seinen Kolonien. Alles in allem waren das etwa 30.000 Mann.

Der eigenartige Verlauf der weltberühmten Schlacht bei Platää ist nur zu verstehen, wenn man davon ausgeht, dass die einzelnen griechischen Kontingente in einer gewissen Isolierung den Kampf durchgefochten haben, ohne sich viel um die Direktiven des Oberfeldherrn Pausanias zu kümmern. Durch eine von Pausanias befohlene Rückzugsbewegung, die den Sinn hatte, den wichtigen Dryos-Kephalai-Pass zu decken, entstand im griechischen Heer ein völliges Durcheinander. Die Athener unter Aristeides machten nämlich nicht mit, sondern rückten im Gegenteil sogar noch weiter nach Norden vor. In dieser prekären Lage traf die Griechen der persische Angriff. Er wurde jedoch von der spartanischen Phalanx aufgefangen. Wieder triumphierte die griechische Lanze über den persischen Bogen. Die Perser wurden zurück gedrängt und befanden sich nun in wilder Flucht.

Aus Thessalien, dann aus Makedonien und Thrakien kam die Nachricht, dass sich die Perser auf dem Weg in die Heimat befänden. Der Krieg war beendet, Griechenland frei von der Besetzung. Wenn auch die Perserkriege offiziell erst ein volles Menschenalter später, durch den Frieden des Kallias im Jahre 449, ihren vertragsmäßigen Abschluss fanden, so wird doch die Zeitenwende durch die griechischen Siege bei Salamis und Platää bezeichnet.

In den Freiheitskämpfen ging es nicht nur um die materielle Existenz der Griechen. Ihnen waren im Falle der Niederlage Versklavung und Deportation gewiss. Es ging in dem großen Ringen um mehr, nämlich um die höchsten Güter der griechischen Menschen und des griechischen Volkes: um äußere und innere Freiheit, um Menschenwürde und staatliche Autonomie. Die dunkle Wolke des persischen Despotismus hätte ganz Griechenland verschlungen, wenn sich die Griechen nicht zu einmütiger Abwehr zusammen gefunden hätten.

Erst nach dem Sieg in Salamis erfuhren die Griechen von einem Kampf, der zeitgleich in Sizilien stattgefunden hatte: der Schlacht am Himera-Fluß. Sie war ein Teil eines groß angelegten Manövers von Xerxes gewesen, lagen doch in Sizilien eine Reihe blühender griechischer Kolonien. Der persische Großkönig kombinierte, dass der Verlust Siziliens die Griechen hart treffen würde. Aus diesem Grunde bot er das Juwel den afrikanischen Karthagern an. Perser und Karthager schlossen ein Bündnis und verabredeten, dass Karthago Sizilien dann angreifen sollte, wenn Xerxes in Griechenland einmarschieren würde. Aber das karthagische Heer wurde von den vereinigten sizilianischen Städten am Himera geschlagen. So vernichtend, dass der karthagische Feldherr es nicht wagte, in seine Heimat zurück zu kehren und sich am Ort seiner Schmach das Leben nahm. Der Mann, der das griechische Heer geführt hatte, war Gelon, der Tyrann von Syrakus. Der Sieg erhob ihn nun in eine geradezu königliche Stellung. Die Gefahr einer zweiten Front war für die Griechen zunächst gebannt.

Nervosität in Troja

Das Schicksal von Eroberern, die über See kommen, erzählt auch der alte Troja-Mythos:

Obgleich in Troja noch nichts von der Abfahrt der großen griechischen Flotte bekannt war, herrschte doch seit der Abreise der griechischen Gesandten Schrecken und Furcht vor dem bevorstehenden Kriege. Paris war inzwischen mit der geraubten Fürstin, mit reicher Beute und seinem Geschwader zurückgekehrt. König Priamus sah die unerbetene Schwiegertochter nicht mit Freuden in seinem Palast und berief seine zahlreichen Verwandten zu einer Ratsversammlung. Die Söhne ließen sich durch den Glanz der Schätze, die ihr Bruder unter sie zu verteilen bereit war, leicht betören. Auch die Schönheit der Griechinnen aus den edelsten Fürstengeschlechtern, die Helena folgten, tat ihre Wirkung. Und weil die Söhne zahlreich waren und kampfeslustig dazu, endete die Beratung mit dem Beschluss, die Fremden in den Schutz des Königshauses aufzunehmen und den Griechen nicht auszuliefern.

Ganz anders freilich sah das Volk der Stadt die Sache. Ihm war vor einem feindlichen Angriff und einer Belagerung bange. Der Abenteurer und seine schöne Beute beeindruckten die Einwohner Trojas nicht. So mancher Fluch wurde Paris in den Straßen hinterher geschickt, und hier und da wurde sogar ein Stein nach ihm geworfen, als er Helena in den Palast seines Vaters geleitete. Doch hielt die Ehrfurcht vor dem Herrscher und seinem Willen die Trojaner davon ab, sich der Aufnahme der neuen Bürgerin ernstlich zu widersetzen.

Als nun im Rate des Priamus der Beschluss gefasst worden war, die Fürstin nicht zu verstoßen, sandte der König seine Gemahlin Hekuba zu ihr in das Frauengemach, um sich zu überzeugen, dass sie freiwillig mit Paris nach Troja gekommen sei. Helena erklärte, sie gehöre durch ihre Abstammung den Trojanern ebenso an wie den Griechen. Danaos und Agenor seien sowohl ihre Urväter wie die Stammhalter des trojanischen Königshauses.

Sie sei zwar unfreiwillig geraubt worden, erklärte Helena, jetzt aber durch innige Liebe an ihren neuen Gemahl gefesselt und freiwillig die Seinige. Nach dem, was geschehen sei, könne sie auch von ihrem vorigen Gatten und ihrem Volke keine Verzeihung erwarten. Schande und Tod wären ihr Schicksal, wenn sie ausgeliefert würde. So sprach sie und warf sich Hekuba zu Füßen. Die richtete die Schutzflehende liebevoll auf und verkündete ihr den Willen des Königs und seiner Söhne, sie gegen jeden Angriff zu schützen.

Das Orakel von Delphi

Als die Perser Athen zerstörten, hatte das Orakel von Delphi den Bewohnern geraten, Schutz in „hölzernen Städten" zu suchen. Die Griechen deuteten dieses bildhafte Rätsel mit „Schiffen", folgten dem Rat und konnten sich retten. Wieder einmal hatte der geheimnisvolle Weissagungs-Ort das Schikksal der Griechen mitbestimmt. Das Orakel von Delphi hatte für dieses kraftvolle, aber auch abergläubische Volk eine große Bedeutung.

Das Orakel von Delphi beruhte auf Weissagungs-Riten, die bei den Griechen von alters her weit verbreitet waren. Aus gewissen Anzeichen, aus dem Rauschen der heiligen Eichen, aus dem Fluge der Vögel, aus besonderen Vorkommnissen beim Opfern glaubte man den Willen der Götter herauslesen zu können. Bestimmte Familien hielt man für besonders geeignet oder geschickt bei der Deutung dieser Anzeichen.

Eine uralte Orakelstätte befand sich bei Delphi am Fuße des Parnass. Aus einem Erdschlund stiegen dort betäubende Dämpfe auf. Eine Priesterin, die Pythia, nahm mit streng vorgeschriebenen Zeremonien hier auf einem Dreifuß Platz und geriet unter dem Einfluss der Dämpfe bald in eine Art Rausch. Die Worte, die sie in diesem Zustand der Ekstase ausstieß, sammelte der Orakelprophet und formulierte daraus die Antwort, die in späterer Zeit in Versform gegossen wurde.

Priesterin wie Orakelpropheten wurden von dem Kollegium der „Heiligen" ernannt, die den adeligen Geschlechtern von Delphi angehörten und die die Aufsicht über das Heiligtum und seinen Besitz hatten. Ursprünglich fand die Befragung des Orakels nur einmal im Jahr, im Frühling, statt. Später, als dieser seltene Termin nicht mehr genügte, gab es an jedem siebten Tage des Monats Antwort. Der Fragende musste sich mehrere Tage vorher in würdiger Weise auf den feierlichen Akt vorbereiten, sich im Wasser einer heiligen Quelle reinigen und, mit Lorbeer bekränzt, dem Apollo ein Opfer darbringen. Reichliche Gaben flossen so dem Heiligtum zu, das bald einer großen Schatzkammer glich. Unter dem göttlichen Schutz gedieh das menschenfreundliche Werk der großherzigen Einwohner von Delphi.

Anfangs konnte zwar kein Zweifel darüber bestehen, dass die Priester des Orakels in dem festen Glauben lebten, wirklich den wahren Willen der Gottheit zu erforschen. Aber im Laufe der Jahre eigneten sie sich durch ihre Verbindungen spezielle Kenntnisse an, über die niemand sonst in Griechenland verfügte. Dazu kam, dass ihnen in ihrer priesterlichen Stellung und durch die zahlreichen Frager selbst manche Dinge offenbar wurden, die sonst nicht an das Licht der Öffentlichkeit getreten wären. So waren sie in der Lage, meist zutreffende und einleuchtende Erklärungen und Ratschläge zu geben.

Delphi wurde schließlich eine Art religiöser Mittelpunkt für alle Hellenen. Das Orakel von Delphi war nicht nur einträglich sondern durchaus segensreich. Die Priester verboten bei Belagerungen hellenischer Städte das Abschneiden der Wasserzufuhr und die Zerstörungen der Tempel und Gebäude und haben allein damit der Menschheit einen unschätzbaren Dienst erwiesen. Die Archäologen der Neuzeit profitieren davon und sollten noch heute dem Orakel ein Opfer bringen.

Eine ähnlich große Bedeutung wie das Orakel von Delphi hatte für alle Griechen das Fest des Zeus zu Olympia: die olympischen Spiele. Der Überlieferung nach von Herakles gestiftet, fanden sie alle vier Jahre im Hochsommer in dem heiligen Haine des Zeus statt. Den Zeitraum von einem Fest bis zum folgenden nannte man Olympiade. Das erste Jahr der ersten Olympiade begann mit dem Vollmond nach der Sommersonnenwende des Jahres 776 vor Christus. Kurz vor Beginn der Feier geboten Herolde im ganzen Land den Gottesfrieden.

Jeder, der nach Olympia zog, stand unter dem Schutze der Götter. Während des Festes selbst ruhten zumindest auf dem ganzen Peloponnes die Waffen. Aus allen Himmelsrichtungen strömten dann die Hellenen zum heiligen Orte. Die Stämme überboten sich in der glänzenden Ausstattung der Festgesandtschaften. Eine Stadt von Zelten erhob sich während der Spielzeit rings um das Zeusheiligtum, wo sich ein buntes Leben entfaltete. Mit einem feierlichen Opfer begann das Fest. Trompetenstöße eröffneten die anschließenden Wettspiele. Lange begnügte man sich dabei mit dem Wettlauf. Allmählich aber wurden die Spiele – so wie auch in unserer Zeit – immer mannigfaltiger.

Zuerst führten die Organisatoren den Fünfkampf ein, der aus Springen, Laufen, Diskuswerfen, Speerwurf und Ringen bestand. Später kam der Faustkampf hinzu. Eine interessante Erweiterung erfuhren die olympischen Spiele durch die Aufnahme des Wagenrennens ins Festprogramm. Vier Pferde waren vor einen zweirädrigen Wagen gespannt. Darin aufrecht stehend lenkte der Fahrer seine feurigen vier PS. Bald kam das Wettreiten hinzu, wie das Wagenlenken auch damals schon ein kostspieliger Sport.

Ein einfacher Kranz aus den Zweigen des heiligen Ölbaumes war der Lohn des Siegers, dem es in späteren Zeiten gestattet wurde, seine Statue im heiligen Haine aufzustellen. Ruhm und Ehre waren ihm nach seiner Rückkehr daheim gewiss. Feierlich wurde er von den Honoratioren seiner Heimatstadt begrüßt, glänzende Feste wurden ihm zu Ehren veranstaltet. Die berühmtesten Dichter wetteiferten miteinander, ihr Lob in schwungvollen Versen zu verkünden.

Die Griechen vor Troja

Auch beim Mythen beladenen Kampf der Griechen vor Troja spielte ein Orakel eine wichtige Rolle. Es sorgte für die Idee der Eroberungslist:

Nachdem Helena im Schoße der königlichen Familie aufgenommen war, lebte sie ungefährdet in Troja und bezog mit Paris einen eigenen Palast. Auch das Volk gewöhnte sich bald an ihre Lieblichkeit, und als die Flotte der Griechen wirklich an der trojanischen Küste erschien, verzagten die Einwohner nicht. Sie zählten ihre Bürger und ihre Bundesgenossen und fanden sich an Zahl und Kraft den Angreifern gewachsen. Zwar war ihr König Priamus ein Greis und nicht mehr kampffähig, aber 50 Söhne, unter ihnen 19 von seiner Gattin, der Königin Hekuba, waren im besten Mannesalter. Unter ihnen waren vor allem Hektor und nach diesem Helenos, Polites und Antiphos viel versprechende Recken. Das Heer, das sich jetzt kampfesbereit machte, stand unter dem Oberbefehl von Hektor. Ihm zur Seite stand der tapfere Äneas, ein Schwiegersohn des Königs. An die Spitze einer anderen Schar stellte sich Pandaros, der Sohn des Lykaon, dem Apollo angeblich einst selbst seinen Bogen gegeben hatte.

Die Griechen waren an Land gegangen und hatten sich einen geräumigen Lagerplatz errichtet, der einer Stadt glich. Die Schiffe waren ans Ufer gezogen worden und in mehreren Reihen hintereinander aufgestellt. Sie wurden auf Unterbauten von Steinen gelagert, damit sie luftig und trocken standen.

Vor der Behausung des Odysseus weitete sich die Agora, der freie Platz, der für Versammlungen und Verhandlungen bestimmt war, und auf dem auch die Altäre der Götter standen. Das ganze Schiffslager war von vielen Gassen und Wegen durchschnitten. Die Hütten waren aus Erde und Holz aufgebaut und mit Schilf bedeckt. Jeder Anführer hatte sein Quartier in der vordersten Reihe seiner Schar, und ein jedes war nach dem Range des Bewohners mehr oder weniger ausgeschmückt. Vor den Schiffen hatten die Gelandeten einen Erdwall aufgeworfen, der in der letzten Phase der Belagerung durch eine Mauer ersetzt wurde.

Alsbald öffneten sich die Tore Trojas, und unter Hektors Führung fielen die Belagerten über die Griechen her. Die Schlacht endete unentschieden. Wo Hektor zugegen war, gewannen die Trojaner die Oberhand. In die Kampfreihen aber, die ferne von ihm fochten, drangen die Griechen siegreich ein. Unter ihnen tat sich besonders Achill hervor. Seinem stürmischen Angriff hielt selbst Hektor nicht stand. Zwei Söhne des Priamus erschlug der unbezwingbare Grieche mit eigener Hand.

Der Vater sah wehklagend von den Mauern herab den Tod seiner Kinder. Als auch der hünenhafte Ajax Breschen in die Reihen der Trojaner schlug, flohen diese bald wie ein Rudel von Hirschen vor einer Hundemeute. Die Tore Trojas schlossen sich hinter den Schutzsuchenden. Die Griechen kehrten zu ihren Schiffen zurück und vollendeten ihren Lagerbau.

Der kluge Themistokles

Griechenland erlebte in den ersten 15 Jahren nach dem misslungenen Kriegszug des Xerxes den Aufstieg Athens zur Großmacht. Durch den Aufbau des Delisch-Attischen Seebundes schaffte sich Athen ein Machtinstrument, das dem Peloponnesischen Bunde unter Spartas Vorherrschaft ebenbürtig war. In diesen Jahren verschärfte sich aber auch der spartanisch-attische Gegensatz. Ganz offen trat dieser Konflikt beim athenischen Mauerbau zu Tage.

Themistokles' Idee war es, Athen durch eine massive Stadtmauer uneinnehmbar machen. Die Erinnerung an die Brandschatzung der Stadt durch die Perser war noch zu frisch und schmerzhaft, diese Katastrophe sollte sich nicht wiederholen. Der Mauerbau war gewissermaßen die Ergänzung zu der von Themistokles geschaffenen athenischen Kriegsflotte. Auf diesen beiden Säulen beruhte in der Tat die überragende strategische Position, die Athen vor allen anderen griechischen Staaten bis zum Ende des Peloponnesischen Krieges auszeichnete.

Der Plan des Themistokles stieß nicht nur auf Widerstand der nächsten Nachbarn Athens, vor allem Äginas, sondern auch auf den der Spartaner. Während sich Themistokles in diplomatischer Mission nach Sparta begab, um dort im Winter 479/478 die Gemüter zu beruhigen, errichteten die Athener in größter Eile einen etwa sechs Kilometer langen Mauerring. Jedes nur irgendwie verwertbare Material wurde für den Bau verwendet, sogar Grabstelen. Im Anschluss an den Bau der Stadtmauer wurde mit der Errichtung von Befestigungsanlagen in Piräus begonnen. Nach Themistokles' Vorstellungen sollte Athen zu einer gewaltigen Land- und Seefestung werden. Der Mauerbau bedeutete den endgültigen Bruch zwischen Athen und Sparta und war der Keim zum später stattfindenden Peloponnesischen Krieg.

Athen ging aber noch weiter. Die Stadt schloss mit den wichtigsten Städten in Kleinasien und den mächtigsten Inseln den so genannten „Delisch-Attischen Seebund“. Dieser Bund wurde zum Wendepunkt für Athen, er war die Basis für den Griff zur Macht über halb Griechenland. Athen stand am Beginn eines goldenen Zeitalters. Als Sparta das begriff, war es bereits zu spät. Befördert durch das Bündnis sammelte sich ein ungeheurer Reichtum in der Stadt und machte Athen zum Juwel Griechenlands. Die Verbündeten unterhielten eine gemeinsame Kriegsflotte, für die jedes Mitglied eine bestimmte Anzahl an Schiffen zu stellen hatte. Wer dazu nicht imstande war, hatte Ersatzzahlungen zu leisten, die in eine gemeinsame Kasse flossen. Ein genialer Plan des Themistokles, der Athen zu einer einzigartigen Vormachtstellung verhalf.

Der Seebund definierte als erstes gemeinsames Ziel die Vertreibung der Perser aus Thrakien und die Sicherung der beiden Übergänge am Hellespont und am Bosporus. Das sollte rasch geschehen, solange der Großkönig noch in innerpolitische Wirren verwickelt war. Die Bundesflotte versammelte sich, ein imposantes Aufgebot, ein hoffnungsfrohes Abenteuer. Alles war gespannt und in Hochstimmung. Dann wurde ein Oberbefehlshaber ernannt: Kimon wurde gewählt, nicht Themistokles, der soviel für Athen geleistet hatte.

Intrigen aus Sparta und der plötzlich aufbrodelnde Hass des Pöbels vertrieben ihn aus seiner Heimatstadt. Er floh über Makedonien nach Persien, wo ihn Artaxerxes, der neue Großkönig, mit großer Ehrfurcht empfing. Er gab dem Bezwinger seines Vaters sogar drei große Städte zu Lehen.

Und so verbrachte der geniale Themistokles, dem Athen so viel zu verdanken hatte, die letzten fünf Jahre seines Lebens in Magnesia, von dessen Mauer er ein Stückchen Griechenland, Ephesos, Milet, die Bucht von Mykale und draußen auf dem Meer Samos sehen konnte. Noch heute werden Silbermünzen gefunden, die seinen Namen als Fürst von Magnesia tragen.

Aber auch mit Kimon hatten die Athener eine gute Wahl getroffen. Der begabte Stratege aus einem alten Adelsgeschlecht brach die persische Vorherrschaft in den Gewässern zwischen Cypern und Kleinasien. Durch ihn wurde die Ägäis zu einem griechischen Binnenmeer. Der Sieg war mit den Mitteln des Seebundes erfochten worden. Und Athen jubelte dem Sieger zu, Themistokles war vergessen.

Sparta traf im Sommer 464 eine furchtbare Katastrophe: Ein Erdbeben zerstörte die Stadt fast vollständig. Das Unheil brach am helllichten Tage los, die Menschen wurden mitten in ihrem Tagwerk überrascht. Die zusammen stürzenden Häuser begruben Frauen und Kinder unter sich, die Gymnasien brachen über den Kriegern und jungen Spartanern zusammen.

Die Überlebenden waren kaum aus ihrem Schockzustand erwacht, da traf eine neue Schreckensnachricht ein. In Messenien war auf die Kunde von der Zerstörung Spartas hin ein Heloten-Aufstand ausgebrochen, der schnell die Ausmaße eines großen Befreiungskrieges anzunehmen drohte. Die Sklaven, von zwei Periökenstädten unterstützt, schlugen los. Die größte Garnison im Herzen Messeniens am Ithomeberg war bereits gefallen. 300 Spartiaten zählten zu den Opfern. Aus der Trümmerstadt Sparta, in der nicht einmal mehr die

Tempel standen, um den Göttern opfern zu können, zog das letzte Aufgebot los.

Vergessen war das Erdbeben, das Grollen des Zeus. Übrig blieb nichts als die rasende Wut auf die Stadt, die mit ihrem „verpestenden Beispiel" der Volkserhebungen gerade erst die Arkadier und nun die Heloten verführt hatte: Athen! Während Kimon noch von Frieden und Freundschaft träumte und dafür den genialen Themistokles geopfert hatte, schlug bei den Spartanern wie ein Blitz die Erkenntnis ein, dass zersetzende geistige Feinde schlimmer sind als ein gegnerisches Heer.

Zwei Jahre später, 462, war der Hauptteil des Landes Messenien wieder in spartanischer Hand – aber nicht die Messenier selbst. Die letzten Wehrfähigen der Freiheitskämpfer hatten sich auf den fast uneinnehmbaren Ithomeberg zurückgezogen. Die Spartianer belagerten die Bergfeste und erschöpften sich in den unablässigen Versuchen, sie zu stürmen.

Die Belagerung wurde zum Debakel für die als unbesiegbar geltende Kriegerkaste. Die Spartaner, Meister der offenen Feldschlacht, waren unerfahren in der Kriegskunst der Belagerung. Sie suchten schließlich jemanden, der in der Lage war, Festungen zu nehmen. Ihnen fiel Kimon, der Athener, ein. Nach langem Zögern entschlossen sich die Ephoren, Athen zur Unterstützung herbeizurufen. Schließlich existierte offiziell ja noch der alte hellenische Bund aus der Zeit der Perserkriege.

Kimon war sofort Feuer und Flamme, die Athener eher weniger. Mit 4.000 Mann zog der Eiferer aus, um den Spartanern zu helfen. Während seiner Abwesenheit wiegelte ein gewisser Ephialtes das Volk auf und benutzte die Abwesenheit

Kimons, den Areopag abzuschaffen. Jene alte, ehrwürdige Institution, die über die Verfassung, über die Amtsführung der Regenten, über Finanzen, Gottesdienst und die Justiz zu wachen hatte.

Zudem wurde Kimon am Ithomeberg von den Spartanern frostig und misstrauisch empfangen. Zu allem Übel schaffte auch er nicht, den verteufelten Berg zu nehmen. Die Spartaner schickten ihn und seine Krieger unter Hohngelächter nach Hause. In Athen empfingen ihn der Spott des Ephialtes und die Reserviertheit seiner Freunde. Es kam, wie es kommen musste: Auch Kimon wurde aus der Stadt verbannt. Athen aber beschloss, sich der Messenier in Ithome anzunehmen, intervenierte bei den Spartanern und sorgte für einen freien Abzug für die heldenhaften Freiheitskämpfer. Sie wurden von Athener Schiffen abgeholt und in Naupaktos, am Nordufer des korinthischen Golfs, neu angesiedelt. Die Spartaner hatten Schwäche gezeigt. Und das verziehen sie weder sich noch dem Rivalen Athen.

Das hölzerne Pferd des Odysseus

Auf dem Olymp hatten sich die Götter versammelt. Hebe wanderte zwischen den Tischen umher und schenkte Nektar ein. Die Unsterblichen tranken einander aus goldenen Pokalen zu und schauten auf Troja hinab. Da ward von Zeus und Hera der Untergang der Stadt beschlossen:

Nachdem die Griechen lange erfolglos um Tore und Mauern von Troja gekämpft hatten, der griechische Held Hektor vom mächtigen Trojaner Achill im Zweikampf niedergestreckt war, rief der Seher Kalchas eine Versammlung der vornehmsten Helden zusammen und sprach zu ihnen: „Auf diesem Wege kommt ihr nicht zum Ziel! Vernehmet, was für ein Zeichen ich gestern geschaut habe. Ein Habicht jagte einer Taube nach; sie flog in die Spalten eines Felsens, um ihrem Verfolger zu entgehen. Lange verweilte er grimmig vor dem Stein, aber das Tierchen kam nicht heraus. Da verbarg sich der Raubvogel im nahen Gebüsch; und siehe da, jetzt schlüpfte die Taube in ihrer Torheit ins Freie. Gleich schoss der Habicht auf das arme Tier nieder und würgte es ohne Erbarmen. Möge uns dieser Vogel ein Beispiel sein. Versucht nicht mehr, Troja mit Gewalt zu erobern, sondern es mit List zu nehmen."

„Wisset ihr was, Freunde", rief der listige Odysseus, „lasst uns ein riesengroßes Pferd aus Holz zimmern, in dessen Innerem sich die edelsten Griechen einschließen. Die übrigen Scharen mögen mit den Schiffen zum Schein davon segeln, hier im Lager alles Zurückgelassene verbrennen, damit sich die Trojaner, wenn sie es von ihren Mauern bemerken, sorglos hervor wagen.

Von uns Helden aber muss ein mutiger Mann, der keinem der Trojaner bekannt ist, außerhalb des Rosses bleiben, sich als Überläufer ausgeben und behaupten, er habe sich der frevelhaften Gewalt der Griechen entzogen, als sie ihn den Göttern als Opfer hätten darbringen wollen. Er habe sich nämlich unter dem künstlichen Rosse, das der Feindin der Trojaner, der Göttin Pallas Athene, geweiht sei, verstecken können und sei jetzt, nach der Abfahrt der Griechen, eben erst hervor gekrochen. Gleich werden sie ihn als einen bemitleidenswerten Fremdling in ihre Stadt führen. Hier muss er darauf hinarbeiten, dass die Trojaner das hölzerne Pferd in die Mauern ziehen. Schlummern die Feinde dann, muss er es uns ansagen. Wir verlassen unseren Schlupfwinkel, geben den Freunden auf den Schiffen ein Feuerzeichen und zerstören die Stadt."

Als Odysseus ausgeredet hatte, priesen alle seinen erfinderischen Verstand. In drei Tagen wurde das kunstreiche Ross gezimmert und das ganze Heer bewunderte die Schöpfung, so ausdrucksvoll war es von Gestalt. Neoptolemos, der Sohn des Achill, Menelaos, Diomedes, Odysseus und andere stiegen durch die Seitentür des hölzernen Pferdes. Die anderen Griechen aber steckten die Zelte und alles Lagergerät in Brand und brachen, von den Völkerfürsten Agamemnon und Nestor befehligt, mit den Schiffen auf und fuhren außer Sichtweite der trojanischen Wächter.

Voller Freude strömte das Volk der Trojaner durch die Tore dem Ufer zu. Als sie nun auf der Stelle des Lagers das glatte hölzerne Pferd gewahr wurden, traten sie staunend näher, denn es war ein gewaltiges Werk. Während sie noch stritten, was mit dem seltsamen Wunderding anzufangen sei, drängte sich mit eiligen Schritten Laokoon, der trojanische Priester des Apollo, durch das gaffende Volk und rief: „Unselige Mitbürger, welcher Wahnsinn treibt euch? Meint ihr, die Griechen seien wirklich davon geschifft? Kennt ihr den Odysseus so wenig? Entweder ist irgendeine Gefahr in dem Rosse verborgen oder es ist eine Kriegsmaschine, die von den in der Nähe lauernden Feinden gegen unsere Stadt in Gang gebracht wird! Was es auch sein mag, traut dem Ungetüm nicht.“ Mit diesen Worten stieß er eine mächtige eiserne Lanze, die er einem neben ihm stehenden Krieger entriss, in den Leib des hölzernen Pferdes. Der Speer zitterte im Holz und aus der Tiefe tönte der Widerhall wie aus einer Kellerhöhle. Aber der Geist der Trojaner blieb verblendet.

Währenddessen zogen einige Hirten unter dem Bauche des Pferdes den Griechen Sinon hervor und schleppten ihn als Gefangenen vor König Priamus. Der Grieche, waffenlos und zagend, spielte seine Rolle gut. Flehend streckte er die Arme gegen den Himmel und rief unter Schluchzen: „Wehe mir, welchem Lande, welchem Meere soll ich mich, den die Griechen ausgestoßen, anvertrauen, wenn mich die Trojaner nicht nieder metzeln werden.“

Die Trojaner waren gerührt. Priamus sprach gütige Worte zu dem Heuchler und versprach ihm Zuflucht in seiner Stadt. Währenddessen hockten die Helden in banger Erwartung im Leib des Rosses und schwebten seit der Warnung des Laokoon in Todesangst. Aber als Laokoon am Ufer des Meeres dem Gotte Poseidon einen mächtigen Stier opferte, schwammen zwei ungeheure Schlangen von der Insel Tenedos herüber und töten die zwei Söhne des Laokoon durch Bisse ihrer giftigen Zähne und erwürgten auch den Vater, als er seinen Kindern helfen wollte. Es war die Göttin Athene, die den griechischen Helden zu Hilfe geeilt war.

Die Trojaner sahen in diesem grässlichen Zwischenfall eine Bestrafung der frevelhaften Zweifel seines Priesters. Ein Teil eilte der Stadt zu und riss die Mauern nieder, um dem unheilvollen Ross den Weg zu bereiten. Andere fügten Räder an die Füße des hölzernen Geschenks, wieder andere drehten gewaltige Taue und warfen sie dem hölzernen Riesentier um den Hals. Dann zogen sie es im Triumphe nach Troja hinein.

Mitten in der Raserei der öffentlichen Freude blieben nur der Kassandra Gemüt und Blick ungetrübt. Nie hatte sie eine Voraussage gemacht, die sich nicht erfüllt hätte. Sie hatte aber leider das Unglück, niemals Glauben zu finden. So hatte sie auch jetzt unheilvolle Zeichen gesehen und stürzte mit flatternden Haaren, vom Geiste der Wahrsagung getrieben, aus dem Königspalast. Ihre Augen starrten in fiebriger Glut, ihr Nacken wiegte sich hin und her wie ein Zweig im Sturm.

Sie rief durch die Gassen. „Seht ihr denn nicht, dass wir die Straße zum Hades wandeln? Dass wir am Rande des Verderbens stehen? Ich schaue die Stadt schon in Feuer und Blut, es wallt aus dem Bauche des Rosses hervor, das ihr mit Jauchzen auf unsere Burg hinauf geführt habt." Aber die Seherin wurde nur verlacht und geschmäht. Hier und da sprach einer zu ihr: „Hat dich die Scham ganz verlassen, Kassandra? Bist du irre geworden, dass du dich öffentlich auf den Straßen herum treibst?"

Das Alltagsleben in Griechenland

Während im homerischen Zeitalter das Familienleben in Griechenland sehr innig gewesen war und der Mann im Wesentlichen daheim, innerhalb seines Hauses, den Mittelpunkt seiner Tätigkeit gefunden hatte, änderte sich das ein paar Jahrhunderte später. Das Beispiel des Orients mit seinen abgeschlossenen Frauenhäusern und der Knabenliebe blieb nicht ohne Wirkung. Andererseits nahm mit der Entwicklung der Adelsherrschaft, dann der Demokratie, die öffentliche Wirkung des Mannes einen immer größeren Raum ein.

Am meisten litt darunter die Stellung die Frau, die ihre völlige Bewegungsfreiheit mehr und mehr einbüßte. Freilich geschah das nicht überall im Lande der Griechen. In Sparta dagegen genossen die Frauen eine sehr unabhängige Stellung. Ganz anders in Athen. Immer mehr wurde ihr Aktionsradius dort, zuerst beim Adel, dann auch im Bürgerstand, auf das Haus beschränkt. Ein Erscheinen in der Öffentlichkeit gestatteten ihnen Gesetz und Sitte schließlich nur noch bei besonderen Anlässen, wie bei Festen und Aufzügen, an denen sie, abgesondert von den Männern, teilnehmen durften.

Im Hause freilich waltete die Frau als Herrin, besorgte das Hauswesen und führte die Aufsicht über die Sklaven. Nur die Beschäftigung mit weiblichen Handarbeiten wie Spinnen, Weben und Sticken brachte Abwechslung in das tägliche Einerlei. Viel freier war natürlich die Stellung der Frauen aus den niederen Volksklassen, die durch ihren Broterwerb auf Straßen und Plätze angewiesen waren.

Die Erziehung konzentrierte sich in Griechenland damals im Wesentlichen auf die Knaben. Es wurde nicht nur für eine vielseitige Ausbildung in den gymnastischen und musischen Künsten gesorgt, die für einen Freigeborenen edlen Standes als unerlässlich galten, sondern auch das Erlernen des Lesens und Schreibens. Darüber hinaus war die körperliche Ertüchtigung durchaus als notwendige Vorschule für den Kriegseinsatz gedacht. Trainiert wurde in eigenen Ringerschulen.

Das körperliche Training war dort am ausgeprägtesten, wo die Herrschaft einer kleinen Minderzahl über eine weit stärkere, zahlenmäßig größere Untertanenbevölkerung stete Wachsamkeit erforderte, also zum Beispiel in Sparta. Wenig oder nichts wurde für den Unterricht der Mädchen getan. Wieder war Sparta die Ausnahme. Hier genossen auch junge Frauen eine Erziehung, die sich in Methode und Zielsetzung eng an die der Knaben anlehnte. Schließlich ging es dort vor allem darum, gesunde und kräftige Mütter heranzuziehen, die wiederum gesunde und kräftige Soldaten auf die Welt bringen sollten.

Die Wohnhäuser der Griechen, wie sie sich zum Teil erst nach den Perserkriegen entwickelten, waren klein und bescheiden. Den Mittelpunkt der griechischen Heimstätten bildete der Hof, der tagsüber den Bewohnern als Aufenthaltsort diente. Von der Straße aus gelangte man in der Regel in einen kleinen eingefriedeten Vorraum, der in reicheren Häusern durch eine eigene Vorhalle ersetzt wurde und mit Säulen verziert war. Vor der Tür stand zumeist ein Bild des Wegegottes Hermes, häufig in Form einer Säule oder eines Pfeilers. Dann trat man in einen Hausflur, von dem Ställe und Zimmer abgingen. Vom Flur aus ging es in den Innenhof, der meist mit einem Altar des Zeus geschmückt war. Um diesen Hof herum waren die Küche, der Männersaal, die Frauengemächer und die übrigen Zimmer gruppiert.

Auch die Ausstattungen der Häuser waren einfach. Den wichtigsten Teil bildeten die Lagerstätten, die mit Matratzen und Decken ausgestattet waren. Dort wurde auch im Liegen gegessen; eine Sitte, die die Römer später übernehmen sollten. Die Tische dienten fast nur zum Tragen der Gerätschaften und des Geschirrs, die für das Mahl erforderlich waren. Als Material wurde in der älteren Zeit Ahornholz verwendet, später Bronze, edle Metalle oder – bei den ganz Reichen – auch Elfenbein. Zum Aufbewahren von Olivenöl oder Wein kannten die Griechen Fässer, Amphoren, einhenklige Töpfe und Kessel. Zum Trinken wurden flache Schalen mit oder ohne Fuß, Tassen und Becher benutzt. Bildliche Darstellungen verzierten schon früh Vasen und Gefäße.

Was Essen und Trinken betraf, waren die Griechen nicht anspruchsvoll. Ihr Hauptnahrungsmittel war das Weizenbrot. Dazu wurden Gemüse und Früchte, Honig und Käse gereicht. Bei den Wohlhabenden kamen auch Fisch und Fleisch auf den Tisch. Am liebsten aßen sie Schwein, dessen Stücke im eigenen Fett gebraten wurden. Aber auch das Fleisch von Ziegen und Schafen, seltener vom Rind, stand auf der Speisekarte. Getrunken wurde stark mit Wasser verdünnter Wein.

Die griechische Kleidung war von den orientalischen Völkern beeinflusst. Die Männer trugen ein langes Untergewand aus Leinen mit halblangen Ärmeln. Darüber wurde entweder schalartig ein wollener Mantel geworfen, der mit Spangen an den Schultern befestigt wurde, oder ein kurzes Oberkleid. Diese beiden Kleidungsstücke wurden später durch das Himation, einen länglichen Umwurf, ersetzt. Die Frauen trugen das gleiche Leinengewand wie die Männer, darüber aber ein wollenes Cape, das über den Kopf gezogen werden konnte. An die Füße schnallten sich die Griechen lederne Sandalen, die mit Riemen am Unterschenkel befestigt wurden. Die Sommer waren heiß und trocken, die Winter feucht und kalt. Mitunter schneite es auch in der kalten Jahreszeit.

Athens Wohlfahrtsstaat unter Perikles

Kaum war das Athener Hilfskorps unverrichteter Dinge durch die Spartaner aus Messenien nach Hause zurückgesandt worden, da wurde der Befestigungsplan des Themistokles Wirklichkeit: Athen, nun durch eine Mauer auch mit dem Hafen in Piräus verbunden, verwandelte sich in eine trutzige, für die damalige Belagerungskunst schier uneinnehmbare Festung. Die Stadt war zum stärksten Flottenstützpunkt der griechischen Welt geworden, nur Syrakus hatte Ähnliches aufzuweisen.

Die Befestigungen umrahmten die Monumentalbauten in der Stadt und auf der Burg. Xerxes und die Perser hatten Ruinen hinterlassen, auf ihnen wuchs jetzt das neue Athen. Überall in der Stadt wurde gehämmert, gesägt und gezimmert. Der Parthenon, Juwel der Akropolis, und die Propyläen waren kaum vollendet, da zogen die Bautrupps, die Architekten, Steinmetze, Maurer und Bildhauer schon weiter. Im Süden, bei Sunion, wuchs zwischen Felsblöcken, Marmorlagern und

Bauhütten der Tempel für Poseidon über dem Meere in die Höhe.

Die ganze Stadt, inzwischen auf fast 100.000 Einwohner angewachsen, summte in einem babylonischen Sprachgewirr. Neben dem Griechischen hörte man italische, thrakische, phönikische und ägyptische Laute. Die Stadt hüllte sich in ein schimmerndes Festgewand aus kostbarem Marmor, dessen Glanz die engen Gassen der in Eile nach der Brandschatzung durch die Perser neu errichteten Wohnstätten überstrahlte. Athen wurde zum Wunderwerk der Alten Welt.

Dies alles war vor allem einem Mann zu verdanken: Perikles. Seit 443 vor Christus wurde er Jahr für Jahr vom Volk zum Strategen gewählt. Mit seiner überragenden Rednergabe schlug er die Massen immer wieder von neuem in seinen Bann. Unter ihm vollzog sich Athens Übergang vom fordernden Gemeinwesen zum Fürsorge- und Wohlfahrtsstaat. Eine – wie sich bald zeigte – verhängnisvolle Entwicklung! Eine satte Versorgungsmentalität korrumpierte die Bürger und entfremdete sie der produktiven Arbeit. Jeder siebente Bürger hatte jetzt ein Amt als Geschworenenrichter. 6.000 von ihnen wurden ständig für den Rechtsausschuss ausgelost. 500 saßen permanent im regierenden Rat.

Perikles führte für alle, die in den Ausschüssen oder Räten auch nur den geringsten Gedanken an den Staat verschwendeten, Tagegelder, also Diäten, ein, die zum Leben ausreichten. Natürlich drängten sich jetzt auch Eckensteher und Tagediebe zum Regieren. Selbst mit fleißigem Tempelbesuch konnte man Geld machen. Perikles erfand die Volkstantieme für den Besuch der dionysischen Festspiele. Wer sich einen Tag auf die Ränge setzte und sich sozusagen im Staatsdienst amüsierte, erhielt noch bare Münze dafür. Nur noch Sklaven und Fremde wollten arbeiten. Die Summen, die der Staat ausgab, waren ungeheuer. Was an Steuern und an Minengewinnen einlief, deckte nur einen Bruchteil der Kosten.

Perikles löste das Problem, indem er die Kasse des Attisch-Delischen Seebundes plünderte. Kein Problem: Denn aus den Verbündeten waren mittlerweile Untertanen Athens geworden. Schon unter Kimon hatte es begonnen: Als die Insel Thaso aus dem Bund austreten wollte, wurde sie sofort angegriffen und zerstört. Dann wollte Samos den Vertrag kündigen. Ergebnis: Angriff, Schleifung, Konfiszierung der Flotte, Festsetzung einer Millionensumme als Reparation. Niemand hatte ein Einspruchsrecht, die Kasse der zeitweilig 300 Mitglieder lag offen da. Und Perikles bediente sich reichlich. Alles im Dienste des Vaterlandes. Sprich: Athen.

Showdown in Troja

Auch wie sehr Sorglosigkeit ein reiches und erfolgreiches Gemeinwesen in den Untergang reißen kann, erzählt Homers Mythos des Troja-Krieges:

Die Trojaner überließen sich die halbe Nacht hindurch der Freude bei Schmaus und Gelage. Endlich lagen die meisten in tiefem Rausch, Mitternacht war nah. Jetzt erhob sich Sinon, der mit den Trojanern gefeiert und sich zuletzt schlafend gestellt hatte, von seinem Polster, stahl sich zum Tor hinaus, zündete ein Feuer an und ließ es als verabredetes Zeichen für die Schiffe der Griechen lodern. Danach löschte er es wieder, schlich sich zu dem hölzernen Pferde und pochte sacht an den hohlen Bauch, wie ihn Odysseus geheißen hatte.

Der öffnete leise den Riegel der Türe, streckte den Kopf vorsichtig heraus und stieg schließlich die Sprossen der Leiter herab. Ein Kämpfer nach dem anderen folgte ihm klopfenden Herzens. Vorsichtig sahen sie sich um. Die Stadt schien wie ausgestorben. Die Männer zogen lautlos ihre Schwerter und breiteten sich über die Straßen Trojas aus. Schließlich stürmten sie die Behausungen, und ein grässliches Gemetzel entstand unter den schlaftrunkenen und berauschten Trojanern.

Zur gleichen Zeit trieb ein günstiger Wind die Flotte der Griechen an die Küste. Bald schon stürzte sich das ganze Heer der Griechen durch die breite Mauerlücke der Stadt, durch die am Tag zuvor das Ross hereingezogen worden war. Während des Kampfes wurde es mitten in der Stadt immer heller. Der um sich greifende Brand der Häuser und Paläste beleuchtete die Schlacht. Lange noch dauerte das jetzt wild einsetzende Gemetzel. Die Flammensäule Trojas stieg hoch in den Himmel hinauf und verkündete den Fischern der Inseln und den Schiffen, die über das Meer segelten, den Untergang der unglücklichen Stadt.

Der griechische Held Ajax, der sich nach einem Streit mit dem Odysseus ins eigene Schwert gestürzt hatte, erlebte die Niederlage des Feindes nicht mehr. Und auch Paris, der Urheber der trojanischen Tragödie, war längst tot. Ein Pfeil des griechischen Helden Philoktetes hatte seine Freveltat gesühnt.

Bis zum Morgengrauen waren fast sämtliche Bewohner Trojas niedergemacht oder gefangen. Die Griechen fanden nirgends mehr Widerstand, konnten sich der unermesslichen Schätze der Stadt nach Belieben bemächtigen und brachten ihre Beute an Gold, Silber, Edelsteinen, gefangenen Frauen und Kindern an den Strand zu ihren Schiffen. Mitten in einer solchen Schar führte Menelaos seine Gemahlin Helena, nicht ohne Scham und doch im Herzen zufrieden über den wieder erlangten Besitz. Ihm zur Seite schritt Agamemnon, sein Bruder, mit Kassandra, der Seherin. Odysseus schleppte Hekuba, die Königin, in die Gefangenschaft.

Der ganze Strand war erfüllt von Jammern und Schluchzen. Nur Helena stimmte nicht mit ein in die Klagen. Sie heftete ihre dunklen Augen auf den Boden. Ihr Herz bebte. Zitternd wandelte sie an der Hand des Gatten. Als die beiden bei den Schiffen angelangt waren, staunten die Griechen über ihre Schönheit und sagten sich, dass es wohl der Mühe wert gewesen sei, Menelaos eines solchen Preises willen nach Troja gefolgt zu sein. In das Herz des Fürsten hatte indes die Göttin Aphrodite längst Verzeihung gesenkt. Er umarmte seine treulose Gattin und bat sie, das Vergangene zu vergessen.

Der Peloponnesische Krieg

Im Jahre 455 stand Athen auf dem Höhepunkt seiner Macht. Das ganze Gebiet vom Isthmos von Korinth bis zum Malischen Golf stand unter attischer Herrschaft. Thessalien war von Athen abhängig, das Ägeische Meer war zur „attischen See" geworden. Doch eine missglückte Expedition in das von den Persern beherrschte Ägypten war einen erste, kleine Irritation. Ein weiterer Rückschlag war der oligarchische Umsturz in Böotien im Sommer 447. Die Athener wurden bei Koroneia geschlagen und mussten ganz Böotien mit Ausnahme Platääs räumen. Krieg lag in der Luft. Kein lokaler, kleiner Konflikt, sondern eine große Auseinandersetzung.

Das kriegerische Ringen in Griechenland sollte 30 Jahre dauern und ging als Peloponnesischer Krieg in die Geschichte ein. Die Bühne des großen Schlachtens erstreckte sich vom griechischen Festland nach Osten über die Ägäis, über Makedonien, Thrakien bis nach Kleinasien, im Westen über das Ionische Meer bis nach Sizilien und Süditalien. Der langjährige Krieg sollte die einschneidende Zäsur in der griechischen Geschichte seit der Bedrohung durch Xerxes werden. Aus dem tödlichen Machtkampf zwischen Athen und Sparta ging schließlich das Perserreich doch noch als Sieger hervor. So ist das 4. Jahrhundert vor Christus zunächst ein persisches, später ein makedonisches Jahrhundert geworden.

Griechenland, seit Salamis und Plataä der Mittelpunkt der antiken Welt, wurde durch die Folgen dieses Krieges an den Rand gedrängt, während im Osten Persien und im Westen, insbesondere das Reich des Dionysios I. von Syrakus, empor stiegen. Athens Schöpfung, der attische Seebund, zeigte sich der schweren Belastungsprobe nicht gewachsen. Erstaunlich ist und bleibt jedoch die nicht versiegende Schöpferkraft des hellenischen Geistes selbst in den dunkelsten Jahren des großen Krieges. Die meisten Werke des Euripides, die Mehrzahl der politischen Komödien des Aristophanes entstammten dieser Kriegszeit. Auch Meißel und Säge der Bauarbeiter ruhten nicht. An dem so genannten Erechtheion baute man in Athen weiter, und die Schatzmeister vergaßen nicht, neben den Aufwendungen für den Krieg die Abrechnungen für Bürger und Sklaven gewissenhaft aufzuzeichnen.

Die bahnbrechende Lehre der Sophisten

In den ersten Jahren des Krieges hielt die „neue Lehre“, die Sophistik, in der Gestalt des redegewandten Gorgias, des Gesandten aus Leontinoi, ihren offiziellen Einzug in Athen. Die Sophistik ist an der Prägung des neuen hellenischen Menschenbildes maßgeblich beteiligt. Sie hat geradezu eine Umwälzung im griechischen Geistesleben hervorgerufen, ja im gesamten europäischen. Ihre Wirkungen waren in allen Gebieten des Lebens, auch in der Politik, spürbar. Sie hat die westliche Kultur maßgeblich geprägt. Die Sophisten haben die Grundlagen wissenschaftlichen Denkens gelegt: Indem sie den Menschen in den Mittelpunkt stellten, leiteten sie eine neue Betrachtungsweise der Welt ein.

Die Beschäftigung mit der Natur des Menschen wird zum Kern des Zeitgeistes, der diese Epoche durchweht. Die Fragen und Erkenntnisse der neuen Wissenschaften sprechen aus den Schriften des Arztes Hippokrates von Kos, des Begründers der neuen Heilkunst. Auch der Bekennermut des Sokrates, der lieber den Giftbecher trank als seinen sophistischen Überzeugungen abzuschwören, steht für eine neue Denkweise.

Auf keinem anderen Gebiet aber offenbarte sich der neue hellenische Geist so deutlich wie auf dem des Glaubens. Die Aufgeschlossenheit des hellenischen Wesens für fremde Einflüsse manifestierte sich in der Einbürgerung zahlreicher fremder Gottheiten in Griechenland. Die thrakische Bendis, der phrygische Sabazios, der libysche Ammon und viele andere Götter erlangten Heimatrecht in Hellas. Zu aller Zeit lehrte Not beten, und so ergaben sich auch im Peloponnesischen Krieg die Gläubigen in Scharen den geheimnisvollen Mysterienkulten, um in ihnen Trost und Hoffnung zu finden.

30 Jahre Krieg quer durch Griechenland

Der Peloponnesische Krieg begann mit einer Eigenmächtigkeit eines der Verbündeten Spartas: Theben überfiel Platää. Der Handstreich misslang, 180 Thebaner, die schon in die Stadt eingedrungen waren, kamen aus dem Hexenkessel nicht mehr heraus und wurden gefangen genommen. 48 Jahre vorher, nach der Perserschlacht, hatte Theben noch die Neutralität Platääs beschworen. Deshalb richteten die Platäer die Eidbrüchigen mit dem Schwert. Das blutige Ereignis löste eine Kettenreaktion von Grausamkeiten aus. In Athen wurden alle Ausländer als Feinde gebrandmarkt und aufgegriffen. Sparta erklärte daraufhin, es werde keinem Athener mehr Pardon geben.

Das spartanische Heer unter König Archidamos setzte sich in Marsch. Es traf auf keinen Widerstand. Perikles hatte alle Landbewohner aufgerufen, Haus und Hof zu verlassen und sich hinter den Mauern Athens in Sicherheit zu bringen. Es war ein wohlüberlegter Plan. Archidamos und die spartanische Kriegsmaschine sollte ins Leere stoßen und sich darin erschöpfen.

Die Rechnung ging zunächst auf. Zusammengepfercht, auf allen Plätzen, auf allen Höfen, in Tempeln, in Zelten und Baracken hausend, warteten zehntausende von Flüchtlingen in Athen, was geschehen würde. Tag und Nacht standen die Verteidiger auf den Kilometer langen Mauern und sahen in allen Himmelsrichtungen den Feuerschein der brennenden Dörfer und Gehöfte. Archidamos zog kreuz und quer durch Attika und verwüstete das Land. An einen Angriff auf Athen schien er nicht zu denken. Die Stadt befand sich in fieberhafter Ungewissheit. Keine Nachrichten von Platää.

Vor dessen Palast rief das Volk nach Perikles. Er erschien, schön wie immer, ruhig und gelassen. Er erklärte unermüdlich aufs Neue seinen Plan und beruhigte die Menge. Die aber wurde immer unruhiger. Den heißblütigen Griechen missfiel diese zurückhaltende Art der Kriegsführung. Sie wollten kämpfen, Beute machen. Es standen jetzt oft Redner auf, die man zuvor nie gesehen hatte. Sie schlugen ganz neue

Töne an. Da konnte man ab und zu einen gewissen Kleon hören, der immer ungeduldiger den offenen Kampf forderte. Aber einen Monat nach dem Einmarsch der Spartaner zog König Archidamos wieder ab. Die Tore Athens öffneten sich wieder, die Städter wurden die inzwischen verhasst gewordenen Flüchtlinge los. Perikles warf Geld unter die Leute, die Schiffe brachten neue Lebensmittel und alles schien sich wieder zum Guten zu wenden.

Athen holte sogar zum Gegenschlag aus: Perikles mobilisierte die Flotte. Das Ziel: Landung in Methone in Messenien. Man wollte die Spartaner an ihrem wundesten Punkt treffen. Denn wenn die Landung glückte, konnten die Athener Verbindung mit den Heloten-Sklaven aufnehmen, sie zum bewaffneten Aufstand aufrufen. Ein schöner Plan, er klappte nur nicht. Als die Flotte Methone erreichte, stand ein spartanisches Regiment unter dem jungen General Brasidas bereit. Die Invasion wurde blutig abgeschlagen. Die Athener setzten Segel und kehrten geschlagen in die Heimat zurück.

Im Frühjahr 430 rückte das spartanische Heer zum zweiten Mal heran. Wieder zogen die Flüchtlingsströme nach Athen. Die Tore waren kaum geschlossen, da trafen die Spartaner ein. Wie im Jahre zuvor ließen sie die Stadt unberührt liegen und verwüsteten das Land. Diesmal taten sie es noch gründlicher, vernichteten die Saat, rissen die Weinstöcke heraus und fällten die Olivenbäume. Attika war wie abrasiert. Perikles entschloss sich noch während der Anwesenheit der Spartaner, mit einem Teil der Flotte auszulaufen, um im Rücken der Feinde die peloponnesische Küstenebene zu plündern und zu verwüsten.

Die Expedition stand unter seiner persönlichen Führung. Hundert athenische Schiffe mit 4.000 Soldaten griffen zuerst

Epidauros an, in der Hoffnung, das nahe Argos würde helfend eingreifen. Doch die Hoffnung trog. Epidauros wehrte den Angriff ab. Perikles segelte weiter und plünderte an der Küste hier und da ohne eine echte Invasion zu wagen. Es war keine strategisch durchdachte Operation. Perikles sah das ein und segelte nach Athen zurück. Dort war inzwischen die Hölle los! Frachtschiffe hatten aus dem Orient die Pest eingeschleppt. Die Epidemie war mit furchtbarer Gewalt ausgebrochen und hatte unter den 200.000 zusammengedrängten Menschen entsetzlich gewütet. Die Sterbenden lagen hilflos in den Gassen und auf den Plätzen. Die Flüchtlinge, ohne Haus, ohne Hilfe, starben, wo sie lagen. Unter den Opfern befanden sich auch die beiden Söhne des Perikles aus dessen erster Ehe. Die Mediziner vermuten heute, dass es sich um die Lungenpest gehandelt habe. Gegen sie war man in der Antike machtlos.

Die Spartaner hatten von den tragischen Vorgängen hinter den Athener Mauern nichts mitbekommen, bis ihnen die ersten Kranken in die Hände fielen. Sie töteten sie sofort und verließen fluchtartig Attika. Als Perikles mit seinen Schiffen zurückkehrte, war die Epidemie bereits im Abklingen. Das Volk raste vor Wut. Perikles war Schuld, natürlich, da war sich der Pöbel einig. Die Volksversammlung setzte ihn als Strategen ab, der öffentliche Ankläger zitierte ihn vor ein Sondergericht. Das bestand aus 1501 aufgehetzten Bürgern, die unter dem Druck der Straße standen.

Eine Anklage war schwer zu erfinden. Also wurde Perikles der Unterschlagung von Staatsgeldern beschuldigt. Der Ankläger forderte die Todesstrafe. Die 1501 Bürger wollten dem Lenker ihrer Geschicke nun doch nicht ans Leben, sie nahmen ihm aber alle Ämter und verurteilten ihn zu einer Strafe von 50 Talenten, was damals ein gewaltiges Vermögen darstellte. Schweigend nahm der alte Mann das Urteil an. Einen Nachfolger, der diesen Namen verdient hätte, gab es nicht.

Als im Frühjahr Archidamos mit dem spartanischen Heer zum drittenmal vor den Mauern Athens erschien, war das Entsetzen groß. Es blieb den Bürgern nichts anderes übrig, als den vor kurzem noch geschmähten Perikles wieder zum Strategen zu berufen. Der alte, gebrochene Mann hätte nein sagen sollen. Denn Perikles war krank, sehr krank. Nichts geschah, kein Ausfall, kein strategischer Gegenangriff, überhaupt keine Initiative. Der Sommer schleppte sich dahin, ohne dass sich die Lage änderte. Die Bürger beschlossen, den Krieg zu beenden. Unterhändler boten Sparta die Hand zur Versöhnung. Doch Sparta lehnte eisig ab. Da starb schließlich Perikles, als einer der letzten, an der Seuche. Im August 429, 70 Jahre alt, wurde er von seinem Schicksal erlöst.

Die Irrfahrt des Odysseus

Mit dem Fall Trojas war der Mythos, wie ihn Homer erzählte, noch lange nicht zu Ende. Es folgte die „Odyssee" des Odysseus, der das Opfer der Rache der Götter am Sieg der Griechen wurde:

Die Griechen kehrten von Troja zurück, mit ihnen die Helden, endlich den Schlachten des Krieges und den Stürmen der Heimfahrt entronnen. Nur Odysseus, der Sohn des Laertes, Ithakas Fürst, irrte umher, ein Spielball der Launen der Götter.

Nach mancherlei Abenteuern saß er in der Ferne auf einer rauen, mit Wäldern bedeckten, einsamen Insel mit Namen Ogygia, wo ihn die Nymphe und Göttin Kalypso, die Tochter des Atlas, in ihrer Grotte gefangen hielt und zum Gemahl begehrte. Er aber blieb der zurück gelassenen Gattin treu, der edlen Penelope. Endlich erbarmte sein Schicksal die Götter im Olymp. Nur Poseidon, der Herr des Meeres, der alte Feind der Griechen, zürnte und zeigte sich unversöhnlich. Wenn er schon Odysseus nicht zu vernichten wagte, so legte er seiner Heimfahrt wo immer er konnte Hindernisse in den Weg und trieb ihn in der Fremde umher.

Poseidon war es auch gewesen, der ihn an jene unwirtliche Insel geworfen hatte. Nun aber beschloss der Rat der Himmlischen, dass Odysseus aus den Banden der Verführerin Kalypso befreit werden sollte. Auf die Fürbitte Athenas wurde Hermes, der Götterbote, nach dem ogygischen Eiland geschickt, um der schönen Nymphe den unwiderruflichen Willen des Zeus zu verkünden. Dem Standhaften sei die Rükkehr in die Heimat bestimmt worden.

Im Hause des Odysseus sah es hingegen traurig aus. Die schöne Penelope, die Tochter des Ikarios, war mit ihrem jungen Sohne Telemach nicht mehr Herrin im eigenen Palast. Als ihr Gemahl, nachdem längst die Nachricht von Trojas Fall gekommen war, nicht heimkehrte, verbreitete sich das Gerücht von seinem Tode. Schon fanden sich aus der Insel Ithaka selbst nicht weniger als zwölf Freier ein. Von der benachbarten Insel Same kamen 24, von Zakynth 20, ja von Dulichion 52 Männer, um mit Herold, Sänger und großem Sklavengefolge um die Hand der jungen Witwe zu werben. Alle zehrten vom Besitz des abwesenden Fürsten und trieben drei Jahre lang den frechsten Übermut.

Da band sich die Göttin Athena selbst die ambrosischen, goldenen Sohlen unter die Füße, mit denen sie über Wasser und Land dahin schweben konnte, nahm ihre mächtige Lanze mit der scharfen Spitze aus Erz, schwang sich stürmend von dem felsigen Gipfel des Olymps herab und stand bald auf der Insel Ithaka vor dem Palast des Odysseus. Sie hatte wieder einmal ihr Äußeres gewandelt, sie glich dem tapferen Mentes, dem Könige der Taphier.

Als Athene auf Ithaka eintraf, waren einige der Freier an der Pforte des Hauses mit Steinspielen beschäftigt, andere lagen auf den Häuten von Rindern hingestreckt, die sie selbst dem Odysseus aus den Ställen genommen und geschlachtet hatten. Aufwartende Diener eilten geschäftig hin und her. Die einen mischten in gewaltigen Krügen das Wasser unter den Wein, andere säuberten die rundum gestellten Tische mit Schwämmen und zerlegten das reichlich aufgelegte Fleisch. Der Sohn des Hauses, Telemach, saß mit einem Herzen voll Betrübnis unter den Freiern und wünschte, dass sein Vater endlich käme, die Scharen der Frechen zu zerstreuen und sich wieder in den Besitz seiner Habe zu setzen.

Als er den fremden König erblickte, eilte ihm der Königssohn an der Pforte entgegen, fasste dessen Rechte und hieß ihn willkommen. Sie traten in den gewölbten Saal des Palastes. Telemach führte seinen Gast zu Tische, ließ ihn Platz nehmen und schob ihm einen Schemel unter die Füße. Eine Sklavin brachte in goldener Kanne Waschwasser für die Hände des Fremdlings, eine ehrbare Dienerin trug Brot und Fleisch herbei, ein Diener zerlegte die Speisen, und die goldenen Becher wurden vom Herold mit Wein gefüllt.

Bald darauf traten auch die Freier ein, einer um den anderen, und setzten sich auf stattliche Lehnsessel. Die Helfer besprengten ihnen die Hände, Mägde reichten ihnen Brot in Körben und Diener füllten die Becher bis zum Rand. Dann gelüstete es die Herren nach Reigentanz und Gesang. Der

Herold gab dem Sänger Pemios die zierliche Harfe in die Hand und der schlug die Saiten an und begann zu spielen.

Da sprach die verwandelte Göttin zu Telemach: „ Nun verrate mir, was ist das für ein Treiben hier in deinem Palast? Feierst Du ein Gastmahl oder ein Hochzeitsfest?“ Telemach, der die Göttin nicht erkannte, seufzte: „Ach, lieber Freund, ehemals mochte wohl unser Haus angesehen und begütert heißen, jetzt ist es anders. Alle diese Männer aus der Nachbarschaft, die du hier siehst, umwerben meine Mutter und verzehren unser Gut. Sie selbst kann eine Wiedervermählung weder abschlagen noch vollziehen. Währenddessen verwüsten diese Schlemmer mein Haus, am Ende werden sie mich wohl selbst umbringen.“

Mit zornigem Schmerz antwortete die Göttin: „Lass mich Dir einen Rat geben! Morgen sage Deiner Mutter: Wenn ihr eigenes Herz eine Vermählung wünscht, so solle sie in den Palast ihres königlichen Vaters heimkehren. Dort mag die Brautgabe bereitet werden. Du selbst aber rüste das beste Schiff, das Du hast, mit 20 Ruderern und ziehe aus, um Odysseus zu suchen. Vernimmst Du, dass er gestorben sei, so bring Dein Totenopfer und errichte ihm ein Denkmal. Findest du die Freier danach noch immer in deinem Hause, so sinne darauf, wie Du sie tötest. Du bist groß und stattlich. Mach, dass auch Dich einst spätere Geschlechter loben.“ Dann enteilte die Göttin, wie ein Vogel flog sie durch den Kamin hinfort.

Im Saale dauerten indessen Saitenspiel und Gesang an. Ein Sänger berichtete von der Heimfahrt vieler Griechen von Troja, alle Anwesenden hörten aufmerksam zu. Oben auf der Galerie saß die einsame Penelope, und der Hall des Liedes drang zu ihr empor. Da stieg sie mit zwei Dienerinnen die Stufen herab und trat zu den Freiern in den Saal, in einen dichten Schleier gehüllt. Weinend begann die Königin, zu dem Sänger gewandt: „Du weißt sonst viele Herz erquickende Weisen, guter Phemios! Diesen Heldengesang, der mir das Herz im Busen quält, lass ruhen! Gedenke ich doch beständig des Mannes, dessen Ruhm durch ganz Griechenland reicht und der noch immer nicht heimgekehrt ist!“

Da beruhigte sie ihr Sohn Telemach, und Penelope kehrte zum Webstuhl zurück. Den Freiern aber, die zu toben begannen und übermütig die Weinkelche aneinander stießen, trat Telemach entgegen und rief ihnen zu: „Freut euch immerhin am Mahl, ihr Herren! Morgen wollen wir Ratsversammlung halten, da will ich Euch den Vorschlag machen, zu meinem Großvater Ikarios oder nach Hause zu gehen. Es wird Zeit, dass Ihr aus Eurer eigenen Habe zehrt und nicht fremden Mannes Erbe.“ Die Gäste bissen sich auf die Lippen, als sie eine solche Rede hörten und konnten über die entschlossenen Worte des Jünglings nicht genug staunen.

Am nächsten Morgen gürtete sich der Königssohn, bahnte sich einen Weg durch die Menge und nahm auf dem Thron seines Vaters Platz. Bitter war seine Anklage gegen die Freier: „Meine Mutter Penelope sieht sich von unerwünschten Freiern umdrängt. Sie sträuben sich, wie es sich gehört, beim Vater meiner Mutter, Ikarios, um seine Tochter zu werben. Nein, lieber kommen sie Tag für Tag in unser Haus, verschmausen unsere Rinder, unsere Schafe und Ziegen und trinken mir den Wein aus dem Keller. Was vermag ich gegen so viele? Erkennt doch selbst, Euer Unrecht, Ihr Freier! Habt Scheu vor anderen, bebet vor der Strafe der Götter! Wann hat Euch mein Vater beleidigt, wann habe ich selbst Euch Schaden zugefügt?“

Die Freier saßen schweigend umher, und keiner, außer Antinos, dem Sohne des Eupithes, wagte es, ihm ein heftiges Wort auf seine Rede zu erwidern. Der rief: „Trotziger Jüngling, welche Schmähung erlaubst Du Dir gegen uns? Nicht wir haben alles verschuldet, sondern Deine eigene, ränkevolle Mutter. Drei Jahre, und bald das vierte, sind dahin, und immer noch spottet sie unseres Wunsches auf Bescheid. Allen verheißt sie Gunst, sendet bald diesen, bald jenem Manne Botschaft zu. Aber im Herzen denkt Penelope anders. Wohl durchschauen wir ihre List. In ihrer Kammer webt sie tagsüber am Leichengewand ihres Schwiegervaters, aber in der Nacht trennt sie das Gewebe heimlich bei Kerzenlicht wieder auf. Eine der Dienerinnen hat uns die Wahrheit hinterbracht. So täuscht uns Penelope bereits seit drei Jahren. Nicht eher werden wir weichen, bis die Königin einen Entschluss gefasst hat.“

Telemach antwortete darauf hitzig: „Mit Zwang werde ich die, die mich geboren und erzogen hat, nicht aus dem Hause stoßen. Das würden mir die Götter nicht verzeihen. Wenn Ihr selbst noch Gefühl für Recht und Unrecht habt, verlasset meine Tür, besorgt euch Eure Gastmahle anderswo oder verzehret wenigstens Eure eigene Habe! Wenn es Euch behaglicher dünkt, das Erbe eines einzelnen Mannes zu verschlingen – nun, so tut es. Ich aber werde die Ewigen laut anflehen, auf dass mir Zeus zur wohlverdienten Bezahlung verhelfe."

Während Telemach so sprach, schickte ihm der Göttervater ein himmlisches Zeichen. Zwei Adler schwebten mit ausgebreiteten Schwingen vom nahen Gebirge herab. Als sie über den Häuptern der Versammlung waren, fingen sie an, sich selbst mit den Klauen Hals und Kopf zu zerkratzen. Dann erhoben sie sich wieder und flogen über die Stadt Ithaka. Der anwesende greise Vogelschauer Halitherses deutete es als ein großes Verderben, das den Freiern drohe. Denn noch sei Odysseus am Leben und nahe. Aber Eurymachos, Polybos' Sohn, spottete über das Zeichen und sagte: „Geh Du nach Hause und verkündige Deinen eigenen Kindern ihr Geschick, alberner Greis! Uns wirst Du nicht betören. Nichts ist gewisser, als dass Odysseus in der Ferne starb!“

Da begehrte der junge Fürst vom Volke ein schnell segelndes Schiff und 20 Ruderer, um nach dem verschollenen Vater zu suchen. Leokritos, einer der frechsten Freier, spottete: „Lass den Odysseus nur kommen. Wir wollen sehen, ob er mit uns fertig wird, wenn er uns beim Mahle
überrascht. Und glaubet mir, Penelope selbst, so sehr sie nach ihm zu schmachten scheint, würde sich über seine Ankunft am wenigsten freuen.“ – Da lachten die Freier schallend. Lärmend gingen die Männer auseinander. Die Volksversammlung löste sich auf, ohne einen Beschluss gefasst zu haben. Jeder ging seines Weges und die Freier lagerten sich wieder im Palast des Odysseus.

Die Herrschaft des Kleon

Nach dem Tod des Perikles nahmen in Athen Nikias und Kleon das Ruder in die Hand. Kleon, der Besitzer einer großen Gerberei, war ein Mann des Volkes, ein Prolet. Ein Dummkopf und Rüpel vielleicht, aber auch ein mit allen Wassern gewaschener Demagoge. Nikias, sein Gegenpart, wird von den Historikern gemeinhin als vornehm bezeichnet. Vor allem aber war er der reichste Mann Athens. Damals 45 Jahre alt, galt er als bedächtig und friedfertig. Sein Vorbild war Perikles.

Das Jahr 428 begann schlecht für Athen. Das reiche Lesbos löste sich aus dem Seebund. Ein Exempel musste statuiert werden, sonst wäre Athen seiner Machtbasis, der Tribut zahlenden Vasallen, beraubt worden. Nikias, der offizielle Stratege, schickte die Flotte los. Aber ganz so einfach war das jetzt nicht mehr wie in früheren Zeiten. Die Pest hatte die Truppen dezimiert und die Kriegskasse war leer. Aber Lesbos stand allein. Die Hauptstadt Mytilene wurde von den Athenern eingeschlossen und belagert. Sparta, natürlich bestens informiert, versuchte die Lesbier dadurch zu unterstützen, dass es mit seinem Heer viermal in Attika einfiel. Nikias wurde nervös, dem bulligen Kleon war das alles gleichgültig. Er setzte die Fortsetzung der Belagerung der Insel Lesbos durch.

Nach einigen Monaten musste Mytilene schließlich kapitulieren. Athen jubelte, Kleon hielt eine blutrünstige Rede und verlangte, sämtliche Männer Mytilenes hinzurichten und die Frauen und Kinder als Sklaven zu verkaufen. Der Beschluss wurde gefasst – die Menschen waren wie im Rausch. Am nächsten Tag wurde das Urteil zurück genommen. Hingerichtet wurden nur 1.000 führende Mytilener, ganz Lesbos wurde enteignet und das Land 3.000 Attikern geschenkt, die jetzt die früheren Besitzer auf ihrem Boden arbeiten ließen.

Die Spartaner präsentierten umgehend und brutal die Quittung: Sie richteten die Besatzung Platääs hin, dessen Kapitulation nach zweijährigem heldenhaften Widerstand in diese Zeit fiel. Der Krieg hatte Formen angenommen, die nur noch grausam und rachsüchtig waren. Mit dem ehemals griechischen Ehrenkodex hatte diese Art der Kriegsführung nichts mehr gemein. Verschanzen, verwüsten, sengen und brennen. Griechen wüteten gegen Griechen. Pardon wurde nicht mehr gegeben.

425 fielen die Spartaner abermals in Attika ein, zum fünften Mal schon in diesem sich endlos hinziehenden Krieg. Vielleicht waren die Spartaner diesmal wirklich dazu entschlossen gewesen, Athen anzugreifen, aber es kam nicht dazu. Eine Alarmnachricht rief sie eilends zurück. Die athenische Flotte hatte abermals angegriffen und war in Messenien gelandet. Die Invasion fand in der Bucht von Pylos statt. Die Spartaner warfen den Athenern ihre durch die Eilmärsche erschöpften Truppen entgegen, die Feldschlacht geriet zu einem Stellungskrieg. Als die Flotte der Athener aber die Spartaner überraschend vom Nachschub abschnitt, da schikkten diese eine Friedensdelegation nach Athen. Die Ephoren sahen die Blüte ihrer Jugend in Gefahr und vergaßen ihren Kriegerstolz.

Die Athener waren jetzt wie entfesselt. Den Triumph über den verhassten Gegner wollten sie bis zur Neige auskosten. Kleon stellte demütigende Bedingungen, die die Unterhändler nicht erfüllen konnten. Tief gekränkt zogen die Spartaner ab. Und es war dann wieder Kleon, der nach einem Feldzug gegen den Erbfeind mit 120 gefangenen Spartanern heimkehrte. Ein Triumph, den es zuvor noch nie gegeben hatte. Denn es war die selbstverständlichste Sache der Welt, dass ein Krieger aus Sparta lieber starb, als sich der Schmach einer Gefangenschaft auszusetzen.

Jetzt schaltete Kleon wie er wollte. Zunächst füllte er die Kasse wieder auf, indem er die so genannten „Bundesgenossen“, die in Wirklichkeit Vasallen waren, auf das schamloseste erpresste. Niemand wagte aufzubegehren, Lesbos war ein warnendes Beispiel. Und Sparta schien als Helfer auszufallen. Das dankbare Volk von Athen verlieh Kleon die höchste Auszeichnung, die zu vergeben war: lebenslängliche Speisung im Prytaneion und Ehrensitz bei allen Festen.

Sparta befand sich in einer verzweifelten Lage, es musste einfach etwas geschehen. Der junge und kühne Befehlshaber Brasidas hatte den Plan, mit einem Stoßtrupp von 1.700 Mann quer durch Griechenland bis hoch in den Norden durchzubrechen, Chalkidike mit den athenischen Goldminen zu besetzen und Thrakien zum Aufruhr aufzustacheln. Im Grunde ein wahnwitziger Plan, aber gerade deshalb durchschlagend. Ein paar Wochen später war Chalkidike in spartanischer Hand!

Jetzt war Athen wiederum zum Waffenstillstand bereit, doch Kleon, der uneinsichtige Emporkömmling, riss das Volk noch einmal mit. Er setzte sich selbst an die Spitze eines Heeres und zog nach Chalkidike. Wie er dort wütete, ist unbeschreiblich. Die Städte wurden niedergebrannt, die Männer hingerichtet, alle Frauen und Kinder als Sklaven verkauft. Bei Amphipolis stieß er auf Brasidas. Der Spartaner griff sofort an: Die Athener hatten sich noch nicht gesammelt, da waren sie schon besiegt. Kleon lag tot auf dem Schlachtfeld, mit ihm aber auch Brasidas, der kühne Heerführer aus Sparta.

Der Tod der beiden Männer löste einen größeren Schock aus als alle Schlachten. Im April 421 schloss Nikias den so genannten 50-jährigen Frieden mit Sparta – der aber nicht annährend so lange hielt. Es handelte sich eher um ein Atemholen zweier erschöpfter Ringer, die Kraft vor der letzten, endgültigen Entscheidung sammeln wollten.

Die Rache des Odysseus

Auch die Odyssee von Homer kommt zu einem sehr blutigen Ende, als Odysseus endlich nach Hause zu Gattin und Sohn zurückkehrt:

Nach vielen Abenteuern kehrte Telemach unversehrt heim nach Ithaka. Seinen Vater hatte er nicht gefunden. – Aber die Götter hatten nun endlich ein Einsehen mit Odysseus und ließen ihn seinen Weg nach Hause finden. Als Bettler verkleidet begab sich der Held von Troja in seinen Palast, um Rache an den frechen Freiern zu nehmen. Er gab sich einer treuen Dienerin zu erkennen und ließ sich seine Waffen bringen. Vor den spöttischen Blicken der Freier spannte er seinen Bogen, den außer ihm bisher niemand zu spannen vermochte, und die tödlichen Pfeile schnellten von der Sehne. Odysseus' Herz war voller Rache und sann auf Vergeltung. Ihm zur Seite stand sein Sohn Telemach. Auch die Göttin Athene eilte Odysseus in Mentors Gestalt zu Hilfe.

Solange der Held Pfeile hatte, streckte er mit jedem Schuss einen Freier nieder. Dann lehnte er den Bogen an den Türpfosten, warf sich rasch den vierfachen Schild über die Schultern, setzte sich den Helm mit dem Busch aufs Haupt und ergriff zwei mächtige Lanzen. Da flüchteten die Freier in die Winkel des Saales. Doch sie entkamen der gerechten Strafe nicht. Gnadenlos trieben Odysseus und seine Mitstreiter die Männer vor sich her.

Einer der Freier, Leiodes, warf sich dem Rächer zu Füssen, umklammerte seine Knie und rief: „Erbarme Dich! Nie habe ich Mutwillen in Deinem Haus getrieben. Ich war der anderen Opfer und habe nichts getan, soll ich denn auch fallen?" „Wenn Du ihr Opfer warst", erwiderte der König finster, „so hast Du für sie gebetet." Er nahm sein Schwert und hieb dem Leiodes, während er noch flehte, das Haupt ab.

Odysseus wütete unter seinen Feinden, bis keiner mehr am Leben war. Sie lagen alle hingestreckt, wie aus dem Netz eines Fischers geschüttet. Aber der Rachedurst des Helden war noch immer nicht gestillt. Er befahl seinem Sohn Telemach auch dreizehn ungetreue Mägde niederzumachen, die abtrünnig geworden waren und Penelope nicht mehr gehorcht hatten.

Die Königin, die zu Bett gegangen war, wurde schließlich von der Dienerschaft geweckt und über die Neuigkeiten informiert. Sie konnte die Ankunft ihres Mannes, als er bluttgetränkt in Bettlerkleidung vor ihr saß, nicht glauben. Erst als er ihr eine Frage, deren Antwort nur er kannte, richtig beantwortet hatte, fiel sie ihrem Gemahl vor Glück weinend in die Arme. Die halbe Nacht verging unter gegenseitiger Erzählung des unendlichen Leids, das sie beide in den verflossenen Jahren erduldet hatten. Die Königin bekam keinen Schlaf, bis Odysseus ihr nicht von all seinen Irrfahrten erzählt hatte.

Die Tragödie des Alkibiades

Die im Frieden von Nikias übernommenen Verpflichtungen wurden von beiden Parteien nicht loyal erfüllt, da sie dazu weder willens noch imstande waren. Von den Mitgliedern des Peloponnesischen Bundes hatten Korinth, Megara, Elis und Böotien den Frieden gar nicht erst ratifiziert. Die offenkundige Ablehnung des faulen Friedens hatte einen völligen Umschwung in der attischen Politik zur Folge. Von Nikias und seinen Plänen wollte bald niemand mehr etwas wissen. Die Schrecken des zehnjährigen Krieges gerieten in Vergessenheit. In Athen gewannen die Radikalen wieder die Oberhand. Ihre Führer waren Alkibiades und der Lampenfabrikant Hyperbolos.

Dem hochbegabten, aus bester Familie stammenden Alkibiades, war eigentlich eine ruhmreiche Laufbahn vorgezeichnet. Doch er hatte in seiner Jugend, obwohl Schüler von

Sokrates, nicht gelernt, sich zu beherrschen und Maß zu halten. Der junge Athener war von einem unbezähmbaren Ehrgeiz getrieben, dazu besaß er offensichtlich eine unwiderstehliche Ausstrahlung. Schon mit 30 Jahren wurde der Liebling des Volkes zum Strategen gewählt. Er soll ein glänzender Redner gewesen sein, ein Mann von rascher Auffassungsgabe und überragender Intelligenz. Aber er kannte nur einen Gott: Sich selbst.

Das politische Ziel des Alkibiades war die völlige Isolierung Spartas. Ihr diente der Abschluss eines athenischen Bündnisses mit Argos, Mantineia und Elis. Sparta fackelte nicht lange und schlug zurück. Unter der Führung seines Königs Agis kam es im Herbst 418 bei Mantinea zu einer Schlacht mit Athen und dessen Verbündeten. Das kleine spartanische Heer siegte überlegen. Die Folgen für Athen waren katastrophal: Der gesamte Peloponnesische Bund scharte sich wieder um Sparta.

In Athen hing jetzt alles vom Ausgang des innenpolitischen Duells zwischen Alkibiades und Nikias ab: Krieg oder Frieden, das war jetzt die Frage. Es gelang Alkibiades, Nikias, seinen Gegenspieler, auf seine Seite zu ziehen und sich mit ihm zu verbinden. Der Leid tragende Dritte war Hyperbolos, den das Scherbengericht in die Verbannung schickte.

Nikias und Alkibiades wurden für das Jahr 417/416 zu Strategen gewählt und strebten zusammen nach raschen, vorzeigbaren Erfolgen. Die neutrale Insel Melos, etwa auf der Höhe von Sparta gelegen, wurde handstreichartig angegriffen und übernommen. Alkibiades persönlich hatte das Kommando übernommen. Er ließ die ahnungslose Bevölkerung systematisch ermorden, die Überlebenden in die Sklaverei verkaufen, ihr Land wurde an 500 Attiker verschenkt. Sparta, das keine Kriegsschiffe hatte, musste dabei ohnmächtig zusehen.

Die große Wende nicht nur des athenischen Schicksals, sonders des griechischen überhaupt, brachten neue Ereignisse im Westen, in Sizilien. Die Streitigkeiten der griechischen Gemeinden hatten einen Höhepunkt erreicht, als sich Segesta, das im Streit mit Selinus lag, hilfesuchend an die Schutzmacht Athen wandte. Das athenische Hilfsaufgebot nahm schließlich einen derart großen Umfang an, dass es selbst bei den sizilianischen Bundesgenossen Bedenken erregte.

Das überzogene Engagement war speziell Alkibiades zu verdanken. Die Streitigkeiten der griechischen Brüder im reichen Sizilien erschienen ihm eine geradezu ideale Gelegenheit für eine Intervention. Für das Volk von Athen schien eine Ausdehnung der athenischen Machtsphäre auf Sizilien viel versprechend, man hoffte, so den Wohlstand jedes einzelnen Bürgers verdoppeln, ja verdreifachen zu können. Für Alkibiades sollte das sizilianische Kommando die Grundlage für seine einzigartige Machtstellung in Athen schaffen. Und mit den Ressourcen der Wirtschaftswunder-Insel würde er, so spekulierte Alkibiades, auch den Gegner Sparta in die Knie zwingen. Doch es sollte alles ganz anders kommen....

Auf 134 Trieren mit über 25.000 Mann Besatzung, dazu noch 6.400 Mann Landungstruppen, stach die Flotte Athens in See. Die Befehlshaber waren Nikias, Lamachos und Alkibiades. Die drei Feldherren wurden für die Führung der Operationen und den Abschluss von Verträgen mit besonderen Vollmachten ausgestattet. Athen hatte sich entschieden: Es wollte sich mit Hilfe Siziliens ganz Griechenland einverleiben.

In Sizilien fand die gewaltige Flotte nur eine zurückhaltende Aufnahme. Besonders verhängnisvoll war, dass die attischen Strategen keinen klaren Kriegsplan hatten. So wollte sich Lamachos zuerst gegen das mächtige Syrakus wenden. Alkibiades opponierte: Es sei besser, erst mit den kleineren Gemeinden einen Brückenkopf zu bilden, um eine Operationsbasis zu gewinnen. Die Feldherren konnten sich einfach nicht einigen, und als schließlich Alkibiades nach Athen zurück gerufen wurde, um sich wegen eines angeblichen Tempelfrevels vor Gericht zu verantworten, war die Expedition endgültig zum Scheitern verurteilt. Alkibiades floh und fand Asyl bei den Spartanern, den Todfeinden Athens. Das Gericht in der Heimat verurteilte Alkibiades in Abwesenheit als Landesverräter zum Tode und zog seinen gesamten Besitz ein. Das Volk hatte seinen Abgott brüsk vom Sockel gestoßen.

Währenddessen war den Athenern auf Sizilien ein schlimmes Schicksal beschieden. Das gesamte Expeditionsheer fiel durch die Unfähigkeit ihrer Führer in die Hände der Feinde. Die Syrakuser schickten tausende von Gefangenen in die Steinbrüche. Wer in den beiden folgenden Monaten nicht an Hunger oder an der Schinderei zugrunde ging, der wurde in die Sklaverei verkauft.

Der schmähliche Untergang des athenischen Heeres in den Steinbrüchen von Syrakus war in seinem Ausmaß wie in den Folgen die schwerste Katastrophe, die je ein griechisches Heer getroffen hat. Ihre Ursachen waren die unzureichende Kenntnis der Lage in Sizilien sowie die unzulängliche Führung des Nikias. Die Schmach war nicht nur ein Wendepunkt in der Geschichte Griechenlands, sondern in der gesamten Alten Welt. Die Griechen hatten sich im rasenden Bruderkrieg ausgeblutet. Hellas dämmerte von nun an ein volles halbes Jahrhundert lang im Schatten des jetzt übermächtig werdenden Perserreichs. Erst Alexander der Große sollte das ändern.

Neue Heimat für die Trojaner

Wie nach einer verheerenden Niederlage ein Neuanfang aussehen kann, das erzählt Homer in dem Mythos der Neuansiedlung der vertriebenen Trojaner:

Seinen Vater Anchises auf den Schultern, seinen Sohn Askanius an der Hand, geschützt von seiner göttlichen Mutter Venus, war der trojanische Held Äneas dem Brande seiner Stadt entronnen. Am Fuße des Idagebirges, wo die letzten Hügel in das Meer auslaufen, in der kleinen Hafenstadt Antandrus, sammelten sich viele Flüchtlinge seines Volkes: Männer, Frauen, Kinder. Es waren unglückliche Menschen, die Haus und Hof verloren hatten. Sie alle waren bereit, unter Führung des Äneas eine neue Heimat zu suchen. Noch ungewiss, wohin das Schicksal sie bestimmen würde, begannen sie, sich mit Hilfe der geretteten Habe Schiffe zu zimmern. Im Frühling konnte die kleine Flotte Segel setzen.

Der älteste Trojaner, der sich in ihrer Mitte befand, der greise Anchises, gab das Zeichen zum Aufbruch und sagte dem zerstörten Vaterland ein ewiges Lebewohl. Weinen und Wehklagen ertönte von den Schiffen, als sie sich von der Küste lösten. Bald schwand sie aus den Blicken der Flüchtlinge. Nach einer Fahrt von mehreren Tagen landete die Flotte an dem Gestade Thrakiens, das vor Zeiten der König Lykurgus beherrscht hatte, dessen jetzige Bewohner aber durch gleichen Götterdienst und Gastfreundschaft mit den Trojanern eng verbunden waren.

Voll Freude, eine wirtliche Küste erreicht zu haben, betrat Äneas mit seinen Begleitern das Land und begann eine Niederlassung zu bauen, ohne von den Nachbarn gehindert zu werden. Die Flüchtlinge legten das Fundament zu einer neuen Stadt, die ihnen Schutze bieten sollte. Äneas, als das Haupt der Auswanderer, gab der Stadt seinen Namen. Die Bauten wuchsen. Da wollte der fromme Held den Schutz der Unsterblichen für sein Werk erflehen. Als erstes beschloss er, Jupiter, dem Vater der Himmlischen, und seiner eigenen göttlichen Mutter einen Stier zum Opfer zu bringen.

In der Nähe befand sich ein Hügel, auf dem Kornellen und Myrten üppig wucherten. Äneas ließ dort Altäre errichten und mit Laub und Zweigen bedecken. Da erlebte er ein Grausen erregendes Wunder. Sobald er einen Strauch mit den Wurzeln ausreißen wollte, quollen schwarze Bluttropfen aus und flossen auf den grünen Grasboden. Angstvoll warf sich Äneas auf die Erde und flehte zu den Nymphen des Waldes und zu Bacchus, dem Schutzgotte der thrakischen Fluren, den Schrecken abzuwenden, mit dem das Wunderzeichen ihn bedrohte.

Dann ergriff er ein drittes Bäumchen und versuchte es auszureißen, die Knie auf dem Boden gestemmt. Da ließ sich ein klägliches Stöhnen vernehmen, und Äneas kam eine Stimme zu Ohren, die in verlorenen Tönen sprach: „Was quälst Du mich, Unglücklicher? Meine Seele wohnt in dieser Erde, in den Wurzeln und Ästen dieses Waldes, in dem ich als Kind ahnungslos spielte. Ich bin dein Verwandter, Äneas. Ich bin Polydorus, der Sohn des Priamus, der von seinem Pflegevater an die feindlichen Griechen verraten und vor Deinen Augen unter Trojas Mauern gesteinigt worden war. Meine Gebeine haben mitleidige Thraker gesammelt und hier in ihrem Vaterland bestattet. Verletze meine Freistätte nicht!

Du selbst aber meide dieses Ufer, das dir und allen Trojanern Unheil brächte, denn noch beherrscht das Geschlecht des Verräters Thrakien!"

Als Äneas sich vom ersten Schrecken erholt hatte, kehrte er zu den Seinigen zurück und meldete sein Erlebnis erst seinem Vater und dann den anderen Fürsten des Heimstatt suchenden Volkes. Alle kamen überein, mit Äneas die Stätte des entweihten Gastrechts zu verlassen. Nachdem sie dem unglücklichen Polydorus eine Totenfeier gerichtet hatten, schoben die Trojaner ihre Schiffe wieder vom Strand und stiegen an Bord.

Günstiger Wind führte sie bald weit in die offene See hinaus. Nach rascher Fahrt erschien ihnen mitten im Meer ein liebliches kleines Eiland, das sich gleichsam lachend aus den Fluten emporhob. Sein Name war Delos, es war einst eine schwimmende Insel gewesen. Götter hatten sich ihrer mitleidig angenommen, als sie zwischen den Küsten umherirrte, und sie in der Mitte der Zykladen am Meeresgrunde befestigt, so dass dieses Eiland hinfort den Stürmen trotzen und glückliche Bewohner ernähren konnte.

Die Menschen, die sich dort ansiedelten, hatten dankbar ihre Stadt dem Apollo geweiht, der auf ihrer Insel geboren war. Sie galten als gastliche Leute. Äneas steuerte mit seiner Flotte auf die Küste zu, ein sicherer Hafen nahm die müden Seefahrer auf. Die Stadt betraten sie in Ehrfurcht. König Anius, der zugleich Priester des Apollo war, wandelte mit der heiligen Binde um die Schläfe und dem Lorbeer in der Hand den Ankömmlingen entgegen und erkannte in dem greisen Anchises einen alten Gastfreund. Mit Freuden wurden Äneas und seine Genossen aufgenommen. Bald wallfahrteten sie zum Tempel des Schutzgottes der Insel. Äneas warf sich vor dem Haus Apollos auf die Knie und betete mit aufgehobenen Händen: „Gib uns, Du Beschützer des trojanischen Volkes, gib uns wieder ein eigenes Vaterland, gönne uns eine bleibende Stadt! Möge unser Geschlecht nicht aussterben, hilf ein zweites Troja gründen! Lass zudem wissen, wer unser Führer sein soll und wohin Du uns schickst."

Kaum hatte der Trojaner sein Gebet gesprochen, als der Lorbeerhain, der den Tempel umgab, und das ganze Gebirge ringsum sichtlich und fühlbar erbebten. Auf den offenen Hallen des Tempels ertönte vom Dreifuße das Orakel: „Volk der Dardaner, verliere nicht deinen hohen Mut, kehre in den Schoß des Landes zurück, das schon den Stamm deiner Ahnherren getragen hat! Von dort aus wird das Haus des Äneas in seinen spätesten Enkeln alle Reiche der Erde beherrschen!"

Bei der Stimme des Gottes hatten sich die Flüchtlinge demütig zu Boden geworfen. Als sie die verheißungsvolle Wahrsagung vernommen, sprangen sie freudig auf. Ein jubelndes Getümmel entstand, aber viele rätselten, welches Land Apollo wohl gemeint habe und wo denn den Irrenden eine neue Heimat winke. Sie kamen schließlich zu dem Schluss, dass der Gott Kreta gemeint haben müsse. Denn von dort soll der Stammvater Teucer nach Troja gekommen sein. Doch sie irrten und verloren ein weiteres Jahr am Gestade Kretas. Erst die trojanischen Hausgötter offenbarten dem verzweifelten Äneas, dass Apollo das ferne Italien gemeint habe. Denn von dort stammten Dardanus und Jasius, die Ältesten des trojanischen Geschlechts.

Der Triumph der Perser

Es war die Schwächung der athenischen Position, die die Perser veranlasste, ihre Zurückhaltung in Kleinasien zu beenden. Dareios II. befahl seinen Satrapen den lange ausstehenden Tribut von den kleinasiatischen Griechenstädten einzutreiben. Persien nahm jetzt offen gegen Athen Stellung und zahlte den Spartanern Unterstützung. Die Spartaner gaben dafür ihrerseits die kleinasiatischen Griechen den Persern preis. Der Abfall der Insel Chios, der Städte Mytilene und Methymna auf Lesbos von Athen war die Folge. Auch auf kleinasiatischem Boden begann die attische Herrschaft zusammenzubrechen.

In Athen selbst wuchsen die Schwierigkeiten, die Finanzreserven waren fast völlig erschöpft und die politischen Untergrundbewegungen hatten Auftrieb erhalten. Denn was in Sizilien geschehen war, hatte die Demokratie zu verantworten.

Die Oligarchen griffen nach der Macht. An ihrer Spitze standen vier Männer: Antiphon, einer der hervorragendsten Anwälte seiner Zeit. Peisandros, einst ein radikaler Demokrat und Intimus des Kleon, sowie Phrynichos und Theramenes von Steiria. Besonderes Gewicht erhielt die oligarchische Strömung durch ihre Verbindung zu Alkibiades. Nachdem er zunächst im Sinne der Spartaner in Ionien gegen seine Heimatstadt gewirkt hatte, überwarf er sich völlig mit ihnen und streckte seine Fühler zu der in Samos vor Anker liegenden athenischen Flotte aus. Deren Offiziere standen den Oligarchen nahe. Das Angebot des Alkibiades, einen Vertrag mit dem Perserkönig zu erwirken, falls es in Athen zu einer Änderung der Verfassung in oligarchischem Sinne käme, machte in Athen Eindruck, führte aber erst noch zu keinem Resultat.

Im Jahre 411 brach in Athen das, was von der Demokratie noch übrig war, durch Aushöhlung von innen und Druck von außen zusammen. Der Umsturz im Mai des Jahres wurde eingeleitet, indem man eine Kommission von 30 bevollmächtigten Gesetzgebern einsetzte. Die entschied, dass künftig ein Rat von 400 mit unbeschränkter Gewalt ausgestatteten Bürgern die Geschicke der Stadt lenken sollte. Es war nicht mehr und nicht weniger als eine unblutige Revolution, die die Demokratie zu Grabe trug.

Hatte man in Athen geglaubt, sich durch den Umsturz eine bessere Plattform für die Außenpolitik zu schaffen, erwies sich das schnell als Irrtum. In Samos kam es zu Unruhen, Euböa fiel von Athen ab, die Dardanellenstraße ging verloren und auch das wichtige Byzanz, von dem die Getreideflotten ausliefen. Das Volk rebellierte und die Herrschaft der 400 konnte sich nicht mehr länger halten. Es kam zu einem Kompromiss zwischen den demokratischen und oligarchischen Parteien. Die Regierungsgewalt ging jetzt in die Hände von 5.000 Bürgern über, die Athen wieder zu Ruhm und Reichtum führen sollten.

Die Kette der außenpolitischen Misserfolge Athens ging unterdessen weiter. Nun fiel auch noch die Insel Thasos ab, einer der finanziell stärksten Bündnispartner. Die Tage der athenischen Seeherrschaft gehörten endgültig der Vergangenheit an. Das Gold Persiens gestattete Sparta, eine leistungsvolle Flotte aufzubauen, dazu kam noch ein vortreffliches Kontingent aus Syrakus unter Hermokrates, das Sparta zur Seite stand.

Nun konnten den Athenern nur noch außerordentliche Maßnahmen und tatkräftige Männer mit neuen Ideen helfen. Alle Augen richteten sich auf Alkibiades, den die Flottenmannschaft von Samos mittlerweile zum Strategen gewählt hatte und der sich dort wie ein Souverän gebärdete. Und tatsächlich, der schillernde Alkibiades schien der Heilsbringer der Athener werden zu können. In der Seeschlacht bei Kyzikos im Mai 410 manövrierte Alkibiades die spartanische Flotte in Grund und Boden. Kein Schiff entkam, der spartanische Admiral Mindaros fiel im Kampf. Athen jubelte, und die Wiederherstellung der verloren geglaubten athenischen Seeherrschaft an den Meerengen war die Folge.

Sparta traf die Niederlage bei Kyzikos wie ein Donnerschlag. Unter dem Eindruck des völligen Verlustes der kostspieligen Flotte war es sogar zum Frieden auf Grund des bisherigen Besitzstandes bereit. Doch Athen lehnte im Rausch des Sieges wieder einmal hochmütig ab. Unter dem Eindruck der glänzenden Erfolge – Kalchedon, Selymbria und sogar Byzanz hatte Alkibiades zurückgewonnen – wurde der siegreiche Feldherr für das Amtsjahr 408/407 zum Strategen gewählt. Alkibiades hielt einen triumphalen Einzug in seine Vaterstadt, die er sieben Jahre zuvor an der Spitze der stolzen Sizilienflotte verlassen hatte. Von allen Anschuldigungen offiziell freigesprochen, nach Überreichung einer Ehrengabe als Ersatz für das eingezogene Vermögen, erhielt Alkibiades ein unumschränktes Kommando als Generalissimus zu Wasser und Lande. Er galt jetzt als Retter des Vaterlandes.

Aber auch Alkibiades vermochte das Schicksal Athens auf Dauer nicht mehr zu wenden. Mit Lysander hatte die spartanische Staatsführung endlich den Strategen gefunden, den sie für die Flotte, das entscheidende Kriegsinstrument, brauchte. Lysander, der im Kampf nicht vor den verwerflichsten Mitteln zurück schreckte, war in seinem persönlichen Leben bedürfnislos und, was bei Griechen besonders ins Gewicht fiel, vollkommen unbestechlich. Von brennendem Ehrgeiz getrieben, verzehrte er sich sein Leben lang im Dienste für sein Vaterland. Lysander impfte dem persischen Großkönig die Überzeugung ein, dass nur ein vollständiger Sieg Spartas, und nicht etwa die Wiederherstellung des alten Gleichgewichtes in Griechenland, den wahren Interessen des Perserreiches entspräche. Insbesondere wusste der zielbewusste spartanische Staatsmann, den jungen Königssohn Kyros für seine Sache zu gewinnen.

Die erste Probe seines großen strategischen Könnens zeigte Lysander in der Seeschlacht bei Notion im Frühjahr 407. Mit der Niederlage der Athener erfüllte sich zugleich das Schiksal des Alkibiades. Die Athener setzten ihn – wen wundert es – wiederum ab. Der ehemalige Generalissimus Athens begab sich auf seine Burgen in Thrakien und führte dort das Leben eines unabhängigen großen Herren. Nach Athens Fall im Jahre 404 flüchtete er an den Hof des persischen Satrapen Pharnabazos, der ihn auf Betreiben des Lysander schließlich umbringen ließ.

Wie Alkibiades durch Konon ersetzt wurde, so gab es auch für Lysander nach dem Ablauf der ihm zugestandenen 12 Monate mit Kallikratidas, einem Spartaner von altem Schrot und Korn, einen Nachfolger. Obwohl sich Kallikratidas mit dem jungen Perserkönig Kyros überwarf – der darauf die Unterstützung einstellte – nahm die spartanische Offensive zur See einen erfolgreichen Fortgang. Konon wurde nach dem Verlust von Teos und Methymna auf der Insel Lesbos mit seinen Schiffen im Hafen Mytilene eingeschlossen. Die Gefahr weckte noch einmal die alte Tatkraft der Athener. Unter den größten Opfern stellten sie mit Hilfe des treuen Samos noch einmal eine Flotte von 150 Trieren auf. Und das Wunder geschah: Südlich von Lesbos wurden im August 406 die Spartaner vollständig geschlagen, mehr als 70 Schiffe des Kallikratidas gerieten in athenische Hand.

Doch die Athener hatten nur eine Schlacht gewonnen, nicht den Krieg. Die Entscheidung brachte die spartanische Besetzung des attischen Dekeleia mit der Sperrung der Dardanellen. Das führte zum wirtschaftlichen Ruin Athens. Dazu kam im Hochsommer 405 die Niederlage der Athener in der Seeschlacht bei Aigospotamoi. Der Todesstoß der Athener Großmacht-Träume. Tausende von Gefangenen fielen in die Hände der Spartaner. Alle Krieger aus Athen wurden getötet. Konon, dessen sträflicher Leichtsinn den Sieg der Spartaner begünstigt hatte, floh nach Cypern. Der Rest des einst so stolzen attischen Seebundes brach auseinander. Die hellespontischen Städte und die thrakischen Gemeinden wandten sich dem Sieger zu. Nur die Samier blieben treu. Sie erhielten zum Dank das späte Geschenk des attischen Bürgerrechts.

Athen hatte seine letzte Flotte verloren. Während Lysander, nun wieder mit einem Kommando ausgestattet, mit 150 Schiffen im Saronischen Golf kreuzte, vereinigten sich die peloponnesischen Landstreitkräfte unter dem Befehl der Könige Agis und Pausanias II. in einem festen Lager unmittelbar vor den Toren Athens. Zwar zog das Heer im Winter wieder ab, aber die Blockade blieb bestehen.

In Athen schwand alle Hoffnung. Man war zu Verhandlungen bereit und zu jeder Art von Zugeständnissen, sofern nur Samos und die zur Versorgung der Bürger unbedingt notwendigen Kleruchien erhalten blieben. Aber die Spartaner bestanden darauf, dass die alte Mauer niedergerissen und alle Besitzungen Athens bis auf die altattischen Kolonien Lemnos, Imbros und Skyros abgetreten werden sollten. Die letzten noch kampfesfähigen Kriegsschiffe mussten ausgeliefert, die Rückkehr der Verbannten gestattet werden.

Darüber hinaus musste sich Athen den Spartanern zur Heeresfolge verpflichten, es wurde also de facto zum Eintritt in den Peloponnesischen Bund gezwungen. Ende April 404 segelte der Sieger Lysander mit seiner Flotte in den Hafen von Piräus. Mit der Unterwerfung von Samos, das nach einer mehrmonatigen Belagerung ebenfalls die Waffen streckte, war der große Krieg zu Ende. Sparta triumphierte.

Der Tod des Phaeton

Die Sage vom Sonnengott Helios und seinem sterblichen Sohn Phaeton ist eine Parabel über die Vergeblichkeit der Sterblichen, es Göttern gleich tun zu wollen:

Auf herrlichen Säulen erbaut stand die Königsburg des Sonnengottes Helios, von blitzendem Gold und Edelsteinen schimmernd. Den obersten Giebel umschloss poliertes Elfenbein, doppelte Türen strahlten im Silberglanz. Auf ihnen waren in erhabener Arbeit die schönsten Wundergeschichten zu schauen.

In den Palast trat Phaeton, der Sohn des Sonnengottes, und verlangte, seinen Vater zu sprechen. Er vermochte nur aus der Ferne zu reden, denn in der Nähe war das Licht nicht zu ertragen. Helios, vom Purpurgewand umhüllt, saß auf seinem fürstlichen Stuhle, der mit Smaragden besetzt war. Zur Rechten und zur Linken stand das Gefolge: Der Tag, der Monat, das Jahr, die Jahrhunderte. Weiterhin der jugendliche Lenz mit seinem Blütenkranze, der Sommer, mit Ährengewinden bekränzt, der Herbst mit einem Füllhorn voll Trauben, der eisige Winter mit schneeweißen Haaren. Mit seinem allschauenden Auge wurde Helios bald des Jünglings gewahr, der über so viele Wunder staunte. „Nenn mir den Grund Deiner Wallfahrt", fragte er, „was führt Dich in den Palast Deines göttlichen Vaters, mein Sohn?"

Phaeton antwortete: „Erlauchter, man spottet über mich auf Erden und schilt meine Mutter! Sie sagen, ich heuchle nur himmlische Abkunft und sei der Abkömmling eines Unbekannten. Darum wollte ich von Dir ein Unterpfand erbitten, das mich vor aller Welt als Deinen Sohn ausweist."

Da legte Helios die Strahlenkrone, die ihm das Haupt umleuchtete, ab und hieß Phaeton näher treten. Dann umarmte er ihn und verkündete: „Deine Mutter Klymene hat die Wahrheit gesagt, Sohn, und ich werde Dich vor der Welt nimmermehr verleugnen. Damit Du aber nicht zweifelst, erbitte Dir ein Geschenk. Ich schwöre, was Du auch forderst, soll Dir gewährt werden." Phaeton ließ den Vater kaum ausreden. „So erfülle mir", bat er, „meinen glühendsten Wunsch und vetraue mir nur auf einen Tag die Lenkung Deines geflügelten Sonnenwagens an."

Schrecken und Reue wurden auf dem Angesichte des Gottes sichtbar. Drei-, viermal schüttelte er sein Haupt und rief endlich: „Oh Sohn, Du hast mich zu einem sinnlosen Wort verleitet! Darf ich Dir doch meine Verheißung nimmermehr gewähren. Du verlangst, dass ich Dir ein Werk lasse, dem Deine Kräfte nicht gewachsen sind. Du bist jung, Du bist sterblich und was Du wünschest, ist ein Auftrag für Untersterbliche! Du erstrebst mehr als selbst den anderen Göttern vergönnt ist. Außer mir vermag keiner auf der Funken sprühenden Achse zu stehen. Der Weg aber, den mein Wagen zu machen hat, ist steil, mit Mühe erklimmt mein Rossegespann ihn in der Frühe des Morgens.

Noch schwieriger ist die Bahn oben am Himmel. Glaube mir, wenn ich in der Höhe auf meinem Wagen dahin eile, graust mir oft vor der Tiefe, auf die ich nieder blicke, auf Meer und Land, die so weit unter mir liegen. Zuletzt wird die Straße dann ganz abschüssig, da bedarf es sicherster Lenkung. Die Meeresgöttin Tethys selbst, die mich in ihren Fluten erwartet und aufnimmt, fürchtet oft, ich könnte in die Tiefe stürzen. Endlich bedenke, dass der Himmel sich beständig dreht und ich diesem reißenden Kreislaufe entgegen fahren muss. Wie vermöchtest Du das, auch wenn ich Dir meine Rosse gäbe?

Darum, geliebter Sohn, erbitte kein so schlimmes Geschenk und ändere Deinen Wunsch, solange es noch Zeit ist. Sieh mein erschrecktes Gesicht! Verlange, was Du sonst willst von allen Göttern des Himmels und der Erde."

Der Jüngling aber ließ nicht ab mit Flehen und der Vater hatte den heiligen Eid geschworen. So musste er nachgeben, nahm Phaeton bei der Hand und führte ihn zu dem Sonnenwagen, des Hephästos herrlicher Arbeit. Achse, Deichsel und der Kranz der Räder waren von Gold, die Speichen Silber. Vom Joche schimmerten die Juwelen. Während Phaeton noch alles bestaunte, öffnete im erhellenden Osten die Morgenröte ihr Purpurtor und ihren Vorsaal, der voller Rosen war. Die Gestirne verschwanden, der Morgenstern verließ als letzter seinen Platz am Himmel. Da gab Helios den geflügelten Horen kummervoll den Befehl, die Rosse anzuschirren und die führten die Glut sprühenden Tiere, von Ambrosia gesättigt, von ihren erhabenen Krippen und warfen ihnen Zaumzeug über.

Der Vater aber bestrich das Antlitz seines Sohnes mit einer heiligen Salbe, so dass es die glühende Flamme zu ertragen vermochte. Um das Haupthaar legte er ihm seine eigene

Strahlensonne. Er seufzte dazu und sprach warnend: „Kind, schone mir die Geißel, gebrauche die Zügel! Die Rosse rennen schon von selbst, es kostet Mühe, sie einzuhalten. Lass Dich nicht zu tief sinken, sonst gerät die Erde in Brand. Steige nicht zu hoch, sonst verbrennst Du den Himmel! Auf, die Finsternis flieht, nimm die Zügel zur Hand. Oder – noch ist es Zeit: Besinne Dich, liebes Kind, überlass den Wagen mir, lass mich der Welt das Licht schenken und schaue mir zu."

Der Jüngling schien die Worte des Vaters gar nicht zu hören, er schwang sich mit einem Sprung auf den Wagen, erfreut, die Zügel in den Händen zu halten. Schon füllten die vier Flügelrosse mit glutatmendem Wiehern die Luft, ihre Hufe stampften gegen die Schranken. Tethys, die Mutter der Klymene, die nichts vom Lose des Enkels ahnte, öffnete sie. Die Welt dehnte sich, ein unendlicher Raum lag vor den Blicken des Jünglings. Schon flogen die Rosse die Bahn aufwärts und spalteten die Morgennebel, die vor ihnen wogten.

Aber schon bald fühlten die Tiere, dass sie nicht die gewohnte Last zogen und ihr Joch leichter war als sonst. Wie ein schlecht belastetes Schiff in wildem Wetter sprang der Wagen hoch empor oder rollte dahin, als sei er leer. Als die Rosse die lässige Hand spürten, verließen sie die gebahnten Gleise und liefen nicht mehr in der vorigen Ordnung. Phaeton fing an zu beben, er wusste nicht, wohin die Zügel lenken, nicht, wie er das Gespann bändigen sollte. Als der Unglückliche dabei hoch vom Himmel auf die tief, tief unter ihm sich ausdehnenden Ländern blickte, wurde er blass, seine Knie zitterten vor Schrecken.

Phaeton wusste nicht mehr, was er tun sollte. Er starrte in Höhe und Weite, lockerte die Zügel nicht, zog sie aber auch nicht an. Er wandte den Blick abermals zur Tiefe, dabei wurde er von Entsetzen erfasst, die Zügel entglitten seinen Händen. Kaum berührten sie die Rücken der Pferde, da verließen die Rosse ihre Spur, schweiften in fremde Lüfte und suchten sich, bald hoch empor, bald steil hernieder, ihren Weg. Bald stießen sie an die Sterne, dann wurden sie auf abschüssigen Pfaden zur Nachbarschaft der Erde herab gerissen. Schon berührten sie die ersten Wolkenschichten, die entzündet aufdampften. Der Boden schmolz vor Hitze und spaltete sich auf. Und weil plötzlich alle Säfte austrockneten, fing er zu brennen an. Länder mit all ihrem Volk wurden versengt, rings schwelten Hügel, Wälder und Berge. Die Ströme flohen erschrocken zu ihren Quellen zurück, das Meer schrumpfte, und was jüngst noch ein See war, wurde Wüste.

Nach allen Seiten sah Phaeton den Erdkreis entzündet, er vermochte die Glut nicht zu löschen. Schon konnte er den Dampf und die von den Bränden empor fliegende Asche nicht mehr ertragen. Qualm und pechschwarzes Dunkel umgaben ihn, das Gespann riss ihn nach Willkür fort. Schließlich ergriff die Glut seine Haare, er stürzte aus dem Wagen und wurde brennend durch die Luft gewirbelt, wie eine Sternschnuppe vom Himmel fällt. Fern von der Heimat nahm ihn der breite Strom Eridanos auf und bespülte ihm schäumend sein Angesicht.
Helios, der Vater, der alles hatte mit ansehen müssen, verhüllte sein Haupt in trostloser Trauer. Damals, sagt man, sei ein Erdentag ohne Sonnenlicht geblieben. Allein der ungeheure Brand leuchtete.

Die großen Griechen

Das Ende des Peloponnesischen Krieges offenbarte die große Krise der hellenischen Welt. Zu den enormen Verlusten an Menschen kam die Verödung weiter Strecken fruchtbaren

Acker- und Gartenlandes. Nicht nur in Attika, sondern auch in Teilen des Peloponnes. Die Bevölkerung war bettelarm geworden, und auf allen lastete wie ein Alpdruck eine allgemeine Rechtsunsicherheit. Für die politische Entwicklung war es von folgenschwerer Bedeutung, dass Sparta, der Sieger des großen Krieges, keinerlei Ideen für eine Neugestaltung der hellenistischen Welt besaß. Der Niedergang Athens hatte ein unausfüllbares Vakuum hinterlassen.

Was aber Hellas auf dem Gebiet der Politik verlor, im Reiche des Geistes gewann es alles doppelt zurück. Platon und Aristoteles gründeten im 4. Jahrhundert die Weltherrschaft des griechischen Geistes. Sie legten die Fundamente dazu in einer Zeit, in der Hellas in politische Ohnmacht versunken und ein Spielball auswärtiger Mächte geworden war.

Überschattet wurde das 4. Jahrhundert durch den Tod des Sokrates von Athen im Jahre 399. In einer Zeit, in der sich die staatlichen, sozialen und ethischen Bindungen zusehends lockerten und auflösten, bezahlte Sokrates, den man der Einführung neuer dämonischer Wesen und der Verführung der Jugend anklagte, seine Überzeugung mit dem Leben. In einem Zeitalter, in dem die Masse keine Ideale mehr kannte, lehrte Sokrates als Lehrer seiner Schüler, als ihr Erzieher und Erwecker zur Wahrheit eine wenig zeitgemäße Ethik. Das Wissen um das Wesen der Tugend und ihre praktische Ausübung durch Einsicht und Handeln flossen für ihn in eins zusammen. Leben und Lehre bildeten bei Sokrates eine untrennbare Einheit. Aus dem tiefen sittlichen Ernst seiner Persönlichkeit erklärt sich der unvergleichbare Einfluss, den er auf die Zeitgenossen und die Nachwelt ausstrahlte. Vor allem auf seinen berühmtesten Schüler, auf Platon.

Platon hatte sich zuerst als Dichter von Tragödien hervorgetan. Die Lehre des Sokrates aber lenkte sein Streben in eine neue Richtung. Sie formte ihn zu einem der größten Erzieher der Menschheit. Platon schuf ein großartiges dualistisch gestaltetes Weltbild. Er stellte der Welt des Körperlichen, der Welt des Scheins, eine andere, die Welt des wahren Seins, gegenüber, die durch selbstständige Ideen verkörpert wird. Indem er den Gedanken der Unsterblichkeit der Seele übernahm, richtete er das Denken des griechischen Diesseits-Menschen auf das Ewige und Unvergängliche – es war die größte Umwälzung, die das Denken jener Zeit vor dem Auftreten Jesu Christi erfahren hat. Platons persönliches Schiksal aber war, dass er von jeder praktischen politischen Betätigung in seiner Vaterstadt ausgeschlossen wurde. Athen war nicht in der Lage dem großen Denker einen passenden Platz zuzuweisen.

Der bedeutendste von allen Schüler Platons war Aristoteles. Er war der einzige, der eigene Wege einschlug. Ein Universalgenie, das alle Zweige des Wissens der damaligen Zeit in gleicher Vollständigkeit und Gründlichkeit in seiner Person vereinigte. Der Sohn eines makedonischen Leibarztes prägte auch den jungen Alexander. Aristoteles überlebte seinen Zögling, der als „der Große“ in die Geschichte eingehen sollte und gründete in Athen eine eigene Schule. Aber auch er musste, der Gottlosigkeit angeklagt, aus seiner Heimatstadt fliehen. Seine Schriften umfassen alle Gebiete des damaligen Wissens: Logik, Rhetorik, Zoologie, Botanik, Mechanik, Metaphysik, Ethik, Politik und Ästhetik. Aristoteles lieferte die Grundlagen für sämtliche wissenschaftlichen Forschungen.

Gleichzeitig mit der Philosophie und in engster Verbindung mit ihr entwickelten sich auch Mathematik und Naturwissenschaften. Als ihr eigentlicher Begründer kann Pythagoras gelten, der nicht nur die Theorie der Reihen und Proportionen schuf, sondern auch den nach ihm benannten Satz entdeckte. Ebenso haben die Pythagoreer zuerst erkannt, dass die Höhe eines Tons von der Länge der schwingenden Saite abhängig ist. Sie lehrten auch die Kugelgestalt der Erde. Für diese Erkenntnis wurden 2000 Jahre später im christlichen Abendland noch Gelehrte auf dem Scheiterhaufen verbrannt.

Das erste mathematische Lehrbuch schrieb Hippokrates aus Chios, der auch als erster bewies, dass Kreisflächen proportional zu den Quadraten ihrer Durchmesser sind. Eudoxos von Knidos, er lebte 408 bis 355 vor Christi, berechnete als erster Mensch die Krümmung der Erde. In der Mathematik löste er die Aufgabe vom „goldenen Schnitt" und begründete die Ähnlichkeitslehre.

Wegen ihrer praktischen Weltsicht verfügten die Griechen auch in der Medizin schon früh über ein umfangreiches Wissen. So entstanden medizinische Schulen in Kroton, aus der der Leibarzt des Perserkönigs Darius I., Demokedes, hervorging. Am berühmtesten aber war Hippokrates, auf dessen Schriften die Kenntnisse der Ärzte des 4. und 5. Jahrhunderts beruhten. Hier ist zum ersten Mal nicht mehr die Rede von Beschwörungen und Zauberformeln. Für jede Krankheit wird nach der natürlichen Ursache gesucht.

Freilich darf man an die anatomischen und physiologischen Kenntnisse der griechischen Ärzte nicht den Maßstab unserer Zeit anlegen. Sie wussten weder, dass Empfindung und Bewegung durch die Nerven vermittelt werden, noch kannten sie die Bedeutung des Gehirns, das sie für eine kalte Masse, bestimmt zur Schleimansammlung, hielten. Aber immerhin waren sie tüchtige Chirurgen, die eifrig brannten und schnitten, wenn ihnen auch das Blutstillen durch Abbinden der Adern noch unbekannt war.

Bedeutend waren auch die Leistungen der Griechen auf dem Gebiet der Geschichtsschreibung. Der geniale Herodot dokumentierte die Geschichte der Perserkriege, die er als Einleitung seiner Schilderung der orientalischen Völker voraus schickte. Zwar war er noch weit von der Urteilsfähigkeit und Kritik entfernt, die man bei einem modernen Historiker voraussetzt, aber Herodot hat sich stets redlich bemüht, das Richtige und Wirkliche zu erkunden. Vor allem Orientalen hatten ihm offensichtlich die unglaublichsten Dinge erzählt, die er in seinen Berichten treuherzig und gutgläubig wieder gibt. Von ganz anderer Qualität ist dagegen das Werk des Thukydides über den peloponnesichen Krieg. Von ernsthafter militärischer und politischer Bildung, selbst dem Mittelpunkte der Ereignisse nahe stehend, hat der Verfasser frühzeitig damit begonnen, für seine Arbeit Material zu sammeln. Damit hat er der Nachwelt einen unschätzbaren Dienst erwiesen.

Gleichzeitig mit der Geschichts-Aufzeichnung entwickelte sich auch die beschreibende Geographie. Viele Historiker fügten ihren Werken nicht nur längere erdkundliche Beschreibungen bei, sondern verfassten auch besondere geographische Bücher. Die älteste Erdkarte erstellte der Philosoph Anaximander. Aristagoras nahm sie nach Sparta mit, als er dort um Hilfe gegen die Perser nachsuchte. Im Allgemeinen aber erstreckten sich die geographischen Kenntnisse der Griechen nicht viel weiter als über ihre Wohnsitze hinaus. Erst allmählich weitete sich ihr Horizont durch Seefahrten und Berichte darüber. Der Feldzug Alexanders des Großen verschob die Grenzen nach Osten in unbekannte Weiten. Neue Welten taten sich dem Forschergeist auf.

Spartas Versagen

Mit dem Zusammenbruch Athens ist die spartanische Herrschaft an die Stelle des Attischen Seebundes getreten. Sie hat einen fein gegliederten Organismus durch ein grobschlächtiges, gewalttätiges System ersetzt. Spartas Hegemonie beruhte auf der Allianz mit Persien, dessen Gold die spartanische Flotte geschaffen und die Herrschaft der Athener beendet hatte. Als Staatswesen war Sparta ganz und gar ungeeignet, das athenische Modell auch nur ansatzweise zu übernehmen. Es verfügte weder über eine Bevölkerungszahl, wie sie zur Beherrschung so großer Räume und zur politischen und kulturellen Durchdringung der abhängigen Staaten nötig gewesen wäre, noch gab es irgendein ideelles oder wirtschaftliches Band, das die Hegemonialmacht des Peloponnesischen Bundes mit den Griechen des Mutterlandes in Thrakien und Kleinasien verknüpft hätte.

Zu allem Überfluss beging Sparta schwerwiegende Fehler, die bald alle Sympathien für den Sieger erstickten: Lysander nahm Chios die Flotte weg, und auch die übrigen athenischen Bündnispartner, die einst unter der Last der Seebundsbeiträge geseufzt hatten, mussten schon bald schmerzhaft erfahren, dass Spartas Herrschaft nicht weniger drückend war als die Athens. Auch verursachten die spartanischen Besatzungsoffiziere viel böses Blut. Die Autonomie, die Sparta versprochen hatte, erwies sich schon bald als ein bloßes Wunschdenken. Es hatte sich im Prinzip nichts geändert.

Auch an den anspruchlosen, nur dem Staate ergebenen Spartanern war der Aufstieg des Staates zur Nummer eins in Griechenland nicht spurlos vorüber gegangen. Durch das reichlich fließende Gold wurden weite Kreise korrumpiert. Da es den Spartanern durch Gesetz verboten war, Edelmetall zu besitzen, deponierten sie es jenseits der Landesgrenzen. Ein Brauch, der sich in abgewandelter Form bis in die Neuzeit erhalten hat. Soziale Spannungen erwuchsen aus dem zahlenmäßigen Missverhältnis zwischen der sinkenden Zahl der Vollbürger und der großen Masse von verarmten Spartanern.

Nach Athens Fall war Lysander der ungekrönte König von Hellas. Die Griechen überhäuften ihn mit überschwänglichen Ehren. Die Samier benannten das Herafest in „Lysandreia" um, man errichtete ihm zu Ehren Altäre, brachte ihm Opfer dar, und in den griechischen Heiligtümern standen seine Standbilder neben denen der olympischen Götter. Lysander war der erste Grieche, den seine Zeitgenossen in die göttliche Sphäre erhoben.

In Athen herrschte unterdessen ein Direktorium von 30 Männern diktatorisch. Ihr Wortführer war Kritias, ein Mann von Bildung, Kultur und Begabung. Anstatt, wie beabsichtigt, eine neue Verfassung auszuarbeiten, verbreitete diese Clique, unter Lysanders Duldung, blanken Terror. Ihren so genannten Säuberungen fielen 1.500 Bürger zum Opfer. Viele andere flohen. Die Rettung kam von außen. Eine kleine Schar athenischer Verbannter und Emigranten unter der Führung des Thrasybul eroberte blutig die Stadt, machte die spartanische Besatzung nieder und tötete auch Kritias und seine Gesinnungsbrüder. An die Stelle der Herrschaft der 30 trat ein Zehnmännerkollegium der gemäßigten Richtung. Wenig später gab es in Athen wieder demokratische Verhältnisse.

Das folgenschwerste Ereignis der ersten Nachkriegsjahre aber war der Sturz des Lysander. Schon längst war seine unumschränkte Machtstellung den Ephoren in Sparta ein Dorn im Auge gewesen. Sie setzten seinem Tun ein Ende. Alle Versuche des einst so Mächtigen, durch Intrigen in Sparta und auf dem Umwege über die großen panhellenischen Heiligtümer seinen früheren Einfluss wiederzugewinnen, erwiesen sich als fruchtlos.

Lysanders Sturz war gleichbedeutend mit dem Abbau der spartanischen Machtpolitik. Die neue Parole lautete: Rükkehr zur traditionellen, peloponnesischen Politik. Vor den Toren Spartas wurde Elis, der einzige Staat der Halbinsel, der nicht dem Peloponnesischen Bunde angehörte, zu Boden gerungen. Die Hegemonie Spartas auf dem Peloponnes schien damit fester denn je begründet. Die Zukunft zeigte jedoch, dass Sparta nicht die Welt der Ägeis ihrem Schicksal überlassen durfte. Insbesondere die Frage der kleinasiatischen Griechenstädte und ihr Verhältnis zu den Persern bedurfte dringend einer grundsätzlichen Klärung. Sparta hatte die Städte für Gold an den Perserkönig verschachert, doch hatte es diesem bisher an Machtmitteln gefehlt, seine Oberherrschaft in Ionien wirklich geltend zu machen. Ein auf die Dauer unhaltbarer Schwebezustand war die Folge.

Die Entwicklung in Griechenland in den ersten Jahren des 4. Jahrhunderts stand unter dem Zeichen einer überlegenen persischen Politik, die unter reichlicher Verwendung des schimmernden Goldes die Missstimmung der Griechen gegen das gewalttätige spartanische Herrschaftssystem geschickt zu schüren wusste. Im Auftrage des Satrapen Pharnabazos kam der Rhodier Timokrates nach Griechenland. Er verteilte das persische Gold großzügig in Theben, Korinth, Argo und Athen, so dass es nur noch eines geringen Anstoßes zu einer allgemeinen Erhebung der Griechen gegen Spartas Zwangsherrschaft bedurfte. Entzündet hat sich der von Persien gewünschte Konflikt an dem Konflikt der Lokrer und Phoniker.

Hinter den Lokrern stand Theben, die erste Macht des böotischen Bundes. Die Phoker fanden Rückhalt bei Sparta. Athen, auf dessen Haltung viel ankam, schloss mit Böotien ein Defensivbündnis. Die Spartaner operierten zunächst glücklos. Im Herbst 395 fiel sogar der wieder eingesetzte spartanische Held Lysander. König Agesilaos gelang es aber noch einmal, nach der Schlacht bei Koroneia im August 394 die spartanische Herrschaft in Böotien wiederherzustellen.

Die Entscheidung fiel jedoch auf kleinasiatischem Boden. Mit zyprischen, rhodischen und phönizischen Schiffen errangen der Athener Konon und der persische Satrap Pharnabazos bei Knidos einen entscheidenden Sieg über die spartanische Flotte. Die Folgen waren für Sparta verheerend. Überall in Griechenland und Kleinasien vertrieb man die verhassten Spartaner, zudem öffnete eine Reihe von Griechenstädten ihre Tore den Persern. Zum ersten Male seit den Zeiten des Xerxes wagte es jetzt die persische Flotte, vor Griechenlands Küste aufzukreuzen. Sie stieß gegen den Peloponnes vor und eröffnete einen Kaperkrieg gegen griechische Kauffahrer.

Den Einfluss Persiens über Griechenland zeigten ganz deutlich die im Jahre 392 eingeleiteten Friedensverhandlungen zwischen Athen und Sparta. Umstritten war das Prinzip der Autonomie der griechischen Einzelstaaten, für das Sparta einst in den Peloponnesischen Krieg eingetreten war und für das es auch jetzt mit ungewöhnlicher Beharrlichkeit kämpfte. Im übrigen war Sparta bereit, nicht nur den athenischen Mauerbau, die Vergrößerung der athenischen Flotte, ja sogar die Vereinigung der alten attischen Staaten Semnos, Imbros und Skyros mit Athen hinzunehmen, sofern sich Athen nur mit der spartanischen Forderung auf Autonomie aller Griechenstaaten einverstanden erklärte.

In Athen lehnte man jedoch dieses spartanische Angebot ab. In Wirklichkeit lag die Entscheidung über das Schicksal Griechenlands längst beim persischen Großkönig, mit dem sich Sparta immer noch im Kriegszustand befand. Als Preis für den persischen Frieden bot Sparta sogar den Verzicht auf ganz Kleinasien, was einer völligen Kapitulation vor dem Großkönig gleichkam.

Artaxerxes, der persische Großkönig, diktierte 387 den Griechen schließlich den Friedensvertrag. Der Wortlaut dieses Diktats ist überliefert: „Artaxerxes, der Großkönig, hält es für gerecht, dass die Städte Asiens ihm gehören und auch die Inseln Klazomenai und Zypern, dass die anderen Griechenstädte aber, kleine wie große, autonom sein sollen außer Lemnos, Imbros und Skyros, die wie in alten Zeiten den Athenern gehören sollen." Wer sich weigerte, diese Bedingungen anzunehmen, den bedrohte eine Sanktionsformel mit Krieg.

Für die Griechen war der so genannte Königsfriede einer der Tiefpunkte ihrer Geschichte. Persien missbrauchte das Prinzip der Autonomie der Einzelstaaten, um Hellas in ohnmächtige Zwergstaaten aufzuspalten. Und indem sich der Großkönig zum Garanten dieses Zustandes machte, hatte die Großmacht des Ostens den Griechen den Fuß auf den Nacken gesetzt. Ewige Ohnmacht und Knechtschaft schienen das Los dieses Volkes geworden zu ein. Und in der Tat stand das folgende halbe Jahrhundert bis zum Siegeszug Alexander des Großen unter dem Diktat des persischen Königsfriedens. Über dem Danaergeschenk der Autonomie beerdigten die Griechen ihre große Vergangenheit. Der kleinliche Zwist unter den Staaten war stärker als ihr Wunsch nach Freiheit von persischer Vormundschaft.

Die Schlacht von Leuktra

Und es kam noch schlimmer: Das Schwert Griechenlands, das stolze Sparta, zerbrach vor den Augen der damaligen Welt. Im August 371 schlug der aufsässige Thebaner Epameinondas in der denkwürdigen Schlacht von Leuktra mit 6.000 Thebanern mehr als 10.000 Spartaner. Eine Sensation! Der thebanische Feldherr hatte für seine Zeit den Stein der Weisen gefunden, die so genannte „schiefe Schlachtordnung", in der die Krieger von der Flanke aus ins Zentrum des Gegners drückten. Eine knappe Generation später sollte auch Alexander der Große diese Taktik gegen die Perser einsetzen. Es war ein Tag, der ganz Hellas aufrüttelte. Denn mit Sparta war auch ein Mythos untergegangen.

Das war der Augenblick, als der Bär aus dem Norden heruntergetappt kam. Der Makedone Philipp II. witterte die leichte Beute. Er war ein mittelgroßer, gedrungener klobiger Mann und einäugig. Sein Wesen war wie sein Charakter undurchsichtig. Bald von der burschikosen Freundlichkeit eines Holzfällers, dann wieder lauernd ironisch. Bald ehrfürchtig staunend und wissbegierig, dann herzlos und brutal.

In Makedonien gab es noch die aus der frühesten Geschichte stammende Heeresversammlung aller Waffentragenden, die den neuen König bestätigte oder durch Zurufe und das Schlagen an die Schilde kürte. Die geschichtliche Situation war so ähnlich wie Jahrhunderte später zwischen Römern und Germanen: Ein kriegerisches, unverbrauchtes Volk dominierte gegen die Schwächlichkeit eines überzivilisierten, kraftlos gewordenen Nachbarn. In der Schlacht bei Chaironeia im August 338 vernichtete Philipp das Heer der Athener und Thebaner. Griechenland beugte die Knie vor dem Barbaren aus dem Norden. Nur die Spartaner nicht. Aber die spielten gar keine Rolle mehr. Sie waren so unwichtig geworden, dass Philipp es nicht für nötig hielt, sie zu unterwerfen.

Die Geschichte hatte Hellas in die Abstellkammer verbannt. Ein Land wie ein Museum – für fremde Eroberer zur Besichtigung frei gegeben. Als Paulus in Korinth predigte, zogen die kleinen Hetären wie einst zum Aphrodite-Tempel von Akrokorinth hinauf, aber niemand wusste mehr, warum. Und als der römische Kaiser Hadrian unbehelligt durch Sparta spazierte, sah er immer noch die fünf Ephoren im Prytaneion sitzen. Die kommenden Jahrhunderte stürzten dann auch die Tempelsäulen und die großen Ideale der Griechen. Heute, nach 2500 Jahren, halten wir nur noch Scherben einstiger Größe in der Hand. Wo sind Platon, Alkibiades, wo sind Perikles und Lysander geblieben?

Aus dem Erbe bedienten sich die Römer, die alles von der griechischen Kultur übernahmen, was ihnen nützlich erschien. Die Aufklärung hätte in Mitteleuropa nicht stattgefunden, wenn nicht fortschrittliche Wissensdurstige die Schriften des griechischen Altertums entdeckt hätten und damit den Keim für das Ende des so genannten finsteren Mittelalters pflanzten. Sogar die Nationalsozialisten im Dritten Reich ließen sich in ihrem Rassenwahn vom Geist der Griechen inspirieren. Architektur und Kunst der Antike, ja auch die Kriegsschulen der Spartaner waren für die Nazis zwölf lange Jahre ein ehernes Vorbild. Aber wenn die Geschichte eines lehrt, dann dieses: Die Zeit lässt sich nicht zurück drehen. Jedes Jahrhundert hat seine eigenen Gesetze, seinen eigenen Geist.